海馬老爸——著

多倫多
TORONTO

附尼加拉瀑布、
京士頓、渥太華

深度之旅

2024～
2025年
最新版

TORONTO

Toronto

LA TOUR CN TOWER

GOODERHAM & WORTS LIMITED

Niagara Falls

Kingston

Ottawa

目錄 Contents

作者序

歡迎來到多倫多

提起多倫多，你會想到什麼？

尼加拉瀑布？多倫多藍鳥隊？有點地理概念的人可能還會提到五大湖，或是加拿大東岸的秋季楓紅。然而對於大多數的華人來說，對加拿大最大的城市多倫多相對陌生，熟悉程度可能遠遠不及加拿大西岸的溫哥華。

但是這對多倫多來說，實在不公平。作為全國最大的都會區，人口多達600萬，是加國的金融中心，與紐約、東京、倫敦等世界一級都會城市平起平坐，重要度不遑多讓。

歷史長河中，多倫多是加拿大建國史的一部分，城市各角落的歷史建築是最好的見證。從人文的觀點來看，加拿大最頂尖的藝術文化薈萃於此，博物館、美術館的館藏居全國之冠；藝術表演、電影節、體育賽事隨著季節更替，每天密集上演。

移民的文化體現在市內各族裔區域，特色美食與慶典俯拾即是，從希臘美食節、加勒比海嘉年華，到華人的中國慶典，在多倫多生活一年等於環遊了全世界。

喜愛自然的人更需要前來多倫多一趟。尼加拉半島有世界知名瀑布群和酒莊的廣闊葡萄園，一望無際的安大略湖和聖羅倫斯河上的千島湖，讓人在北美的天然美景中沉迷忘返。楓

(圖片來源：Tourism Toronto)

葉國的楓紅可不是浪得虛名——多倫多位於加東「楓葉大道」的西段，每到10月入秋，金黃艷紅秋色滿山遍野地燃燒。這時節，若把京士頓與加拿大首都渥太華也包含在行程內，安大略省的勝景便完全盡入囊中。

由於從事旅遊業，我每年都要前往加東的安大略省與魁北克省好幾回。加上兒子在多倫多就讀大學，經常性造訪子女也讓我有機會深入多倫多的各角落，對安大略省的歷史經濟、人文采風有更多的了解。就讓我為您導覽，一一探訪安大略省的各處勝景與美食吧！

能把多倫多推薦給讀者，最要感謝的便是太雅出版社的總編輯芳玲以及主編焙宜，有兩位的支持與推波，書籍才能順利出版。書中部分圖片來自兩個兒子Joe和Ronnie，以及旅居多倫多的好友Jeromy，在此一併致上感謝之意。

海馬老爸

作者簡介

海馬老爸

部落客「海馬老爸」，是旅遊達人，也是專業領隊。2010年自台灣移居溫哥華。利用生活餘暇，在網路部落格「溫市笑應」中分享異國生活的所見所聞，獲得當地華人及廣大網友的迴響，成了知名的加拿大旅遊達人。自2015年起陸續出版了《溫哥華深度之旅》、《多倫多深度之旅》、《加拿大西岸深度之旅》等書，是華人前往加拿大旅行最重要的中文旅遊工具書。

除了加拿大，海馬老爸的足跡也遍及世界各大洲，體驗文化並品嘗各地美食。除了在部落格與Facebook分享所見所嘗，遊記與美食分享文章也常見於各大雜誌與報紙的網站。

寫信給海馬老爸：seahorsedad@outlook.com

溫市笑應 部落格

海馬老爸美食IG

海馬老爸的集食行樂
臉書粉絲頁

臺灣太雅出版編輯室提醒

太雅旅遊書提供地圖讓旅行更便利

地圖採兩種形式：紙本地圖或電子地圖，若是提供紙本地圖，會直接繪製在書上，並無另附電子地圖；若採用電子地圖，則將書中介紹的景點、店家、餐廳、飯店，標示於Google Map，並提供地圖QR code供讀者快速掃描、確認位置，還可結合手機上路線規畫、導航功能，安心前往目的地。

提醒您，若使用本書提供的電子地圖，出發前請先下載成離線地圖，或事先印出，避免旅途中發生網路不穩定或無網路狀態。

出發前，請記得利用書上提供的通訊方式再一次確認

每一個城市都是有生命的，會隨著時間不斷成長，「改變」於是成為不可避免的常態，雖然本書的作者與編輯已經盡力，讓書中呈現最新的資訊，但是，仍請讀者利用作者提供的通訊方式，再次確認相關訊息。因應流行性傳染病疫情，商家可能歇業或調整營業時間，出發前請先行確認。

資訊不代表對服務品質的背書

本書作者所提供的飯店、餐廳、商店等等資訊，是作者個人經歷或採訪獲得的資訊，本書作者盡力介紹有特色與價值的旅遊資訊，但是過去有讀者因為店家或機構服務態度不佳，而產生對作者的誤解。敝社申明，「服務」是一種「人為」，作者無法為所有服務生或任何機構的職員背書他們的品行，甚或是費用與服務內容也會隨時間調動，所以，因時因地因人，可能會與作者的體會不同，這也是旅行的特質。

新版與舊版

太雅旅遊書中銷售穩定的書籍，會不斷修訂再版，修訂時，還區隔紙本與網路資訊的特性，在知識性、消費性、實用性、體驗性做不同比例的調整，太雅編輯部會不斷更新我們的策略，並在此園地說明。您也可以追蹤太雅IG跟上我們改變的腳步。

aiya.travel.club

票價震盪現象

越受歡迎的觀光城市，參觀門票和交通票券的價格，越容易調漲，特別Covid-19疫情後全球通膨影響，若出現跟書中的價格有落差，請以平常心接受。

謝謝眾多讀者的來信

過去太雅旅遊書，透過非常多讀者的來信，得知更多的資訊，甚至幫忙修訂，非常感謝你們幫忙的熱心與愛好旅遊的熱情。歡迎讀者將你所知道的變動後訊息，善用我們提供的「線上回函」或是直接寫信來taiya@morningstar.com.tw，讓華文旅遊者在世界成為彼此的幫助。

太雅旅遊編輯部

內文資訊符號

- ✉ 地址
- http 網址
- ➡ 前往方法
- ☏ 電話
- @ 電子信箱
- MAP 地圖位置
- 🕐 營業·開放時間
- 休 休息·公休日
- $ 價格·費用

地圖資訊符號

- 📷 旅遊景點
- 📷 書中未介紹到的景點、餐廳
- 🍴 美食餐廳
- 🚉 火車站
- 🍷 酒莊
- Ⓜ 地鐵

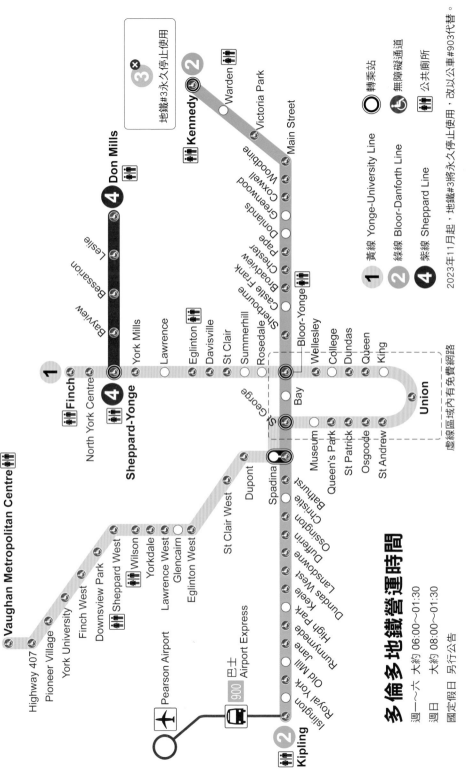

多倫多地鐵圖

多倫多地鐵營運時間

週一~六 大約 06:00~01:30
週日 大約 08:00~01:30
國定假日 另行公告

○ 轉乘站
⚹ 無障礙通道
🚻 公共廁所

① 黃線 Yonge-University Line
② 綠線 Bloor-Danforth Line
④ 紫線 Sheppard Line

2023年11月起，地鐵#3將永久停止使用，改以公車#903代替。

地鐵#3永久停止使用

虛線區域內有免費網路

9

多 倫 多
城市印象

美麗的湖泊 安大略省

安大略省,簡稱安省,位於加拿大東岸。東鄰魁北克省,西接曼尼托巴省,南方則是隔著5大湖中的4個湖泊與美國明尼蘇達、密西根、俄亥俄、賓夕法尼亞與紐約等州相鄰。因為南方緊臨著安大略湖,該省因而得名。

「安大略」原為原住民易洛魁族語中「美麗的湖泊」之意,可見湖泊對該省的重要性。全省大約有25,000個湖泊以及全長超過10萬公里的河流,水利資源豐富。北方的哈德遜灣,以及安大略湖通往大西洋的聖羅倫斯河,都為安大略省提供便利的水運通道。

大體上全省可分為2個地理區域:北安大略和南安大略。前者大多是嚴寒、人口稀少,難以開發的地盾、森林和沼澤地;南安大略氣候較溫和、土地肥沃,全省95%的人口城市聚集在此。

多倫多是本省最大城市,也是省會所在。安大略湖西岸「黃金馬蹄地區」(Golden Horseshoe)是上一世紀加拿大最重要的工業城市區鍊,

便是東起多倫多,連接安大略湖西岸的漢彌頓市,直達南岸的尼加拉市。本區與美國東岸經濟圈相鄰,是加拿大最重要的工業與商業中心。

作為全加拿大人口最多的省分,大多倫多也是全國最大的都會區。來自全世界各族群的移民,豐富了安省的文化。英語是本省的主要語言,約有5%的人口說法語。省內重要的城市除了多倫多市之外,聖羅倫斯河畔的京士頓是加拿大的歷史老城,一度是加拿大聯邦的首都。現今的首都渥太華位於本省東端,隔著渥太華河與魁北克省相望。

安大略省小檔案

省會:多倫多市
人口:約1,475萬(2021年普查)
語言:英語
面積:107.6萬平方公里,加拿大行政地區排名第四
時區:美加東岸區(Eastern Time Zone) UTC-5

渥太華國會山莊慶祝建國150周年

夏季多倫多新市政廳前的大型活動(圖片來源：Ontario Tourism)

俯瞰尼加拉瀑布(圖片來源：Ontario Tourism)

南安大略省地圖

阿爾岡昆省立公園
Algonquin Provincial Park

Trans Canada Highway

蒙特婁
Montreal

加拿大
Canada

渥太華
Ottawa

康瓦耳
Cornwall

京士頓
Kingston

貝爾維爾
Belleville

密西沙加
Mississauga

布蘭普頓
Brampton

多倫多
Toronto

安大略湖
Lake Ontario

美國
USA

倫敦
London

漢彌頓
Hamilton

Queen Elizabeth Way

尼加拉瀑布城
Niagara Falls

水牛鎮
Buffalo

伊利湖
Lake Erie

加拿大
經濟重鎮
多倫多

多倫多小檔案

人口：279萬(市區)
語言：英語
面積：630平方公里
時區：美洲東岸時間(ET)：UTC-5
電話區碼：416, 437, 647
城市別名：Hogtown, The City of Queen, The Big Smoke

《 地理位置 》

　　多倫多市地處安大略湖的西北岸，湖岸線長達46公里。該市西接密西沙加市，北鄰旺市和萬錦市，東接皮克靈市，屬於安大略省的一級行政區，與鄰近都市組成全加拿大最大的都會區——大多倫多區(Greater Toronto Area，簡稱GTA)。

《 人口與多元文化 》

　　根據2021年的普查，多倫市人口達279萬人，以單一城市人口而論，多市笑傲全國。若將大多倫多地區的總人口計入，將高達620萬。外來移民是組成該市重要的族群之一：近半數(49%)的人口是在加拿大以外誕生；都市裡居住了包含原住民在內的族

黃金馬蹄區

布蘭普頓
Brampton

多倫多
Toronto

密西沙加
Mississauga

奧克維爾
Oakville

美加國界
USA-Canada Border

加拿大
Canada

美國
USA

伯靈頓
Burlington

漢彌頓
Hamilton

濱湖尼加拉鎮
Niagara-on-the-Lake

聖凱瑟琳斯
St. Catharines

尼加拉瀑布城
Niagara Falls

第一家提姆荷頓餐廳
First Tim Hortons

水牛城
Buffalo

裔超過200種。除了官方語言英文之外，160種不同的語言或方言同時被市民使用，這種種現象造就了多倫多成為全世界最多元文化的城市。

⟪經濟金融⟫

多倫多是安大略省的省會，是加拿大的經濟重鎮，同時也是世界上最大的金融中心之一。多倫多證券交易所（Toronto Stock Exchange–TSX）是加拿大最大的證券交易所，而加拿大五大銀行的總部皆位於此。航太、交通運輸、藝術、娛樂出版、通訊科技、醫藥、教育、零售、體育等產業蓬勃發展，堪稱加拿大的領頭羊。各大跨國公司總部亦多設於多倫多，與美國東岸重要經濟圈比鄰，共存共榮。

1.多倫多城市湖景夕陽／2.入夜後的多倫多玻璃帷幕高樓(圖片來源：Tourism Toronto)／3.搭乘地鐵的Cosplayer／4.多倫多街頭雕塑

歷史

早在歐洲人抵達多倫多之前，原住民是當地主要的居民。多倫多(Toronto)一詞可能來自於1,500年前就在此居住的「易洛魁族」的語彙，意思是「水中長著樹的地方」。

18世紀中葉，法國商人首先登陸多倫多，建立了一個要塞。1787年，英國人來到多倫多，向原住民購買土地。6年後，英國總督在此建立了約克鎮，於港口的西端入口處修築了約克堡(Fort York)。約克鎮在1812年英美戰爭期間一度被美軍占領，約克堡與議會大廈在戰爭中全毀。

1834年約克鎮正式成為多倫多市，人口在19世紀中葉後迅速增長。加拿大聯合省的首府曾兩度置於多倫多；安大略省於1867年成立，並定都多倫多。

1904年的一場大火摧毀了市中心絕大部分屋舍。城市大火後多倫多在灰燼中迅速重建，並湧入大量移民。

1970年代，加拿大政府放寬了移民法規，更多移民從世界各個角落抵達該市。城市人口於1951年跨過100萬大關，更在短短20年內暴增至200萬人。由於魁北克省獨立浪潮不斷，多數企業擔心政局不穩，紛紛搬遷至多倫多，使得多倫多於1980年代取代蒙特婁成為全國最大城市和金融中心。

問題與挑戰

這個全加拿大最大的都市，全北美第四大都會，也面臨一些問題。長久以來，多倫多以其低犯罪率自豪，但近兩年發生一些重大刑事案件，讓這個城市的治安蒙上一層陰影。另外，因為移民大量遷入，房地產成為炒作標的，高額的房價帶動消費水準，讓多倫多成為全國生活成本最高的城市之一，除了民怨不斷，也影響了該市的全球宜居排名。

1.多倫多市約克村的藝廊商店街充滿歐式風格／2.約克村(Yorkville Village)街邊逗趣的卡通雕塑／3.Casa Loma的聖誕節活動(圖片來源：Tourism Toronto)／4.聖羅倫斯市場的肉鋪(圖片來源：Tourism Toronto)／5.多倫多街頭壁畫／6.璀璨的城市地標(圖片來源：Tourism Toronto)

來多倫多必做的10件事

01

登塔攬勝

站在多倫多市的每個街角抬起頭,幾乎都可以看到CN Tower的身影。這座西半球最高的塔,樓高181層,搭乘快速電梯在58秒內就會到達114樓的展望台,你可以選擇在室內透過玻璃窗,或是走一圈360度的戶外觀景台,近看多倫多市的全景,以及遠眺安大略湖的壯闊。如果想要更上一層樓,不妨買票再次登高447公尺高的SkyPod,來個全景盡覽。膽子大一點的,試試Edge Walk,漫步在塔上露天貓道,挑戰自己膽識的極限!

多倫多群島是由20幾個大大小小的島嶼組成,以弧形排列於安大略湖中,隔著湖水與多倫多市相望。部分小島間由橋梁串接,綠地如茵,湖景壯闊。由於島上禁止行駛汽車,格外靜謐,特別適合徒步健行。除了以腳代步,還可以租借單車,迎著海風環島馳騁。觀賞多倫多城市天際線的最佳地點就在島上,想享受浪漫氣氛的情侶們絕對不要錯過華燈初上的多倫多市夜景。

島嶼散步

多倫多島上欣賞城市天際線(圖片提供:Jerome Sung)

中央島綠地上的鬱金香花造型椅凳

近觀
瀑布

雖然不是地表上最高，也不是最大，尼加拉瀑布應該是全世界知名度最高的瀑布。瀑布被公羊島一分為二，位於加拿大境內的馬蹄瀑布遠較美國境內的美國瀑布壯觀，每秒60萬加侖的水量從伊利湖奔流而下，直洩安大略湖。景致之美全世界少有匹敵，年年吸引超過1,000萬的遊客前來朝聖。觀賞此瀑布有三種方式：空中俯瞰、岸邊平視，或是跳上遊船，直接衝到瀑布下讓水氣伴狂風將你浸濕一身。

(圖片來源：Ontario Tourism)

造訪
酒鄉

尼加拉瀑布附近的沿湖區域，是加拿大東岸最知名的葡萄酒產區，該地氣候與土壤適合葡萄的生長，在北美的知名度與加州的納帕酒莊可算伯仲之間。安大略湖南岸的尼加拉半島，是該地區三大葡萄酒產區中最大的一個，數十家大大小小的酒莊沿著湖邊林立，以舒適優美的環境吸引饕客前來品酒或是用餐。

逛逛
市集

想像一個夾雜了特色小餐館、果菜鋪、刺青店、大麻商店、咖啡館、酒吧等等各式店鋪的區域，會是什麼模樣？更不用講整個街區都被塗上了色彩鮮豔、畫風大膽的壁畫。這裡是肯辛頓市場，一個嬉皮風格濃烈的市集。想體會多倫多最另類的庶民生活，在Spadina Avenue站跳下地面電車，鑽進肯辛頓市場就對了！

沿著Front Street往東走，不知不覺中你已經踏入18世紀末Town of York的歷史街區。兩旁的維多利亞式建築夾雜嶄新高樓，不難嗅出古人們在此生活、吃館子、商業交易、上教堂的氣味。200多年前便已營業的聖羅倫斯市場，如今仍是市民以及觀光客買菜、大啖美食的熱門市集；聖雅各主教座堂的銅綠尖塔高聳入天，自1793年起對庶民及信徒敞開大門至今。古釀酒區脫下釀酒的外套，華麗轉身，磚紅建築搭配石板地磚，該區成為市區最潮的文創以及餐飲複合商圈。

探索老街區

古釀酒區的歷史建築　聖羅倫斯市場的庶民小吃

讓人熱血沸騰的NBA籃球賽　多倫多藍鳥隊主場

熱血球賽

誰說棒球、籃球等運動是美國的專屬？同屬北美運動世界，加拿大在美國各種運動聯盟也占了一席之地。NBA聯盟裡的加拿大暴龍隊、MLB裡的多倫多藍鳥隊，以及NHL的多倫多楓葉隊，主場都在多倫多市。每當進入球季，重要賽事開打，球賽新聞必成城內盛事。球迷們瘋狂湧進球場為自己支持的球隊加油，滿街都是穿著球衣的粉絲們，不必看新聞就可以知道當天有何比賽。來到多倫多，怎能不加入看球賽的熱血行列？

參觀博物館

安大略皇家博物館，簡稱ROM，成立至今已有100多年的歷史，是加拿大最大的博物館。收藏了超過600萬件的展品，包含考古、科學、藝術，集合了人類文明以及自然生物兩大類收藏。其中中國的文物、埃及木乃伊以及大量恐龍化石可稱為鎮館之寶。除了豐富的館藏，新舊建築的融合也是一大看點。遠觀安大略皇家博物館，彷彿電影中的變形金剛機器人從百年前古建築中竄出，饒富創意與趣味。

半日富豪體驗

卡薩·洛馬城堡正如其西班牙文名稱「高踞山頭的房屋」，擁有98個房間，石砌城堡造型的豪邸盤據多倫多城市北方高地，俯瞰城市以及湖景。這座落成於1914年的豪邸，不論當時起造的主人，或是屋舍本身，背後都有一段豪門興起殞落的傳奇故事。穿梭在如迷宮般的城堡內，富麗堂皇的家飾、典雅的裝潢，濃厚的貴氣從上了年紀的壁面間滲出，讓你不自覺把自己當成當年燈紅酒綠的億萬富翁。

遍嘗世界美食

作為一個移民大都會，各國餐飲美食是最鮮明的旗幟。從便宜的街邊小攤，到高檔的法國餐廳；從加國特色小吃的肉汁薯條，到料多味美的港式飲茶；從湯頭濃郁的日式拉麵店，到酒香飄逸的比利時啤酒餐廳，每一道料理都是原汁原味，地道滿分。來到多倫多，請鬆開褲帶，打開味蕾，迎接各種美食！

多元飲食文化

1.流行於年輕人之間的氮氣冰淇淋，搭配棉花糖，尤其美味／2.熱狗以及漢堡還是加拿大人的主食之一／3.在多倫多市政府廣場前舉辦的印度美食節，吸引各種不同族裔的人來品嘗印度料理／4.希臘美食節攤位販售的甜點

在多倫多這個國際都會裡，繁忙的不僅是生活，人們的味蕾也從沒閒過！從在地的小吃到異國風味的特色餐，便宜的銅板美食到高檔的米其林餐廳，只要想得到，沒有吃不到的！

在地美食

如果你只有半天的時間體驗多倫多的在地小吃，走一趟聖羅倫斯市場準沒錯！這個市場匯集了超過120個美食攤位，從傳統的蔬果、海鮮、肉鋪，到令人眼花撩亂的熟食攤位，絕對讓你眼睛和肚皮都撐得飽飽的！被國家地理雜誌譽為全世界最棒的美食市集，絕對是實至名歸。

與三五好友品美酒

酒精類飲料，不論是葡萄酒或是威士忌等烈酒，在安大略省是被管制的，一般超市無法購得，只能在LCBO這樣的酒類專賣店才能買到。即便如此，還是有很多通路可以讓你買醉，像是街頭巷尾的Beer Shop是家連鎖的啤酒專賣店，啤酒種類眾多，價格合理。蓬勃發展的精釀啤酒餐廳，如Mill Street Brewery, Steam Whistle Brewing, Amsterdam Brew House等啤酒屋提供了美味下酒菜，是跟三五好友搏感情的好去處。乾杯吧！杯底莫要養金魚。

《吃得實惠但不隨便》

大都會裡覓食，奢儉由人。多倫多市街頭諸多平價連鎖餐廳提供了經濟的選擇：Egg Smart全日提供蛋類為主的早餐；Popeye's Chicken號稱是北美最佳的炸雞連鎖店。來自Pizza Pizza的現做披薩一點也不輸義大利手工披薩餐廳；多倫多的Five Guys Burgers and Fries，美味絕對可以和美國加州的In and Out Burger抗衡！

《各國美食等你挑》

想吃中餐，唐人街裡尋味雲南的過橋米線、滿庭芳美食軒的港式燒臘、慢走餐廳的台式滷肉飯、德庄川味火鍋等等讓人省了回家鄉的機票。著名的日本拉麵店如山頭火、金豚、三草亭等溫暖了冬夜裡的胃，居酒屋則是在夏夜裡人聲鼎沸，拉近人們的心。韓國烤肉店和印度餐廳常常對街對看；販售中東烤肉串的小店旁邊便是飄著葡式雞肉香的葡萄牙餐廳。泰國餐廳Pai Northern Thai Kitchen無論何時都高朋滿座，證明了一件事：多倫多是不折不扣的美食國際村！

5.來自大西洋海域的香煎鮭魚／6.華人餐廳的避風塘螃蟹也很受洋人的歡迎／7.奶油焗龍蝦是最常見的西式海鮮料理手法／8.雞肉沙拉是西式餐桌上最健康的一道菜

《美食慶典》

由多倫多旅遊局主辦的夏季以及冬季美食節是多市年度盛事！夏季美食節(Summerlicious)橫跨7月初到7月底，冬季美食節(Winterlicious)則是從1月底到2月初，活動持續2個星期。活動期間，超過200家餐廳共襄盛舉，推出三道餐(three courses)的套餐，以平實的價格吸引顧客上門。活動開始前大多熱門的餐廳都已被訂位一空，晚到絕對扼腕！

特色伴手禮

觀光禮品店熱賣的伴手禮

從觀光客的紀念品、旅客必買的伴手禮、文青設計小物,到流行服飾、精品名店,多倫多城市的購物中心一如寶山,讓人眼花撩亂,絕不空手而返。

《加拿大限定紀念品》

楓糖餅乾、冰酒、楓糖漿等是加拿大東岸的特色「土產」,是返鄉後的絕佳伴手禮。在市中心Yonge Street上有不少家禮品專賣店,如Royal Canadian Gifts,A&F Canada Gifts,商品眾多,價格也算公道。

《藍鳥隊紀念球衣》

若是加拿大藍鳥隊的球迷,想選購藍鳥隊的球衣,加航中心裡的Real Sports Apparel、伊頓購物中心裡的Jays Shop,都販售尺碼和樣式齊全的紀念球衣和周邊商品。除此之外,一般百貨商場裡的Champs以及Sport Gallery等運動用品連鎖店也可找到。

《古董以及文創商品》

喜歡舊物,或是愛好逛二手店尋寶的人,絕對不可錯過多倫多市東區的Leslieville以及Beaches這兩個商圈。這兩區匯集了不少二手店,如果運氣好,可以在這些商店內找到物美價廉的寶物。

二手店裡的寶石收藏

1.楓糖餅乾是加拿大的特產／2.加拿大VQA認證的冰酒／3.加拿大東岸是全世界楓糖主要的產地,品質極佳／4.禮品店內眾多多倫多相關的紀念品

Eaton Centre舒適的購物環境

《購物商場與百貨公司》

　　數十家甚至數百家商店集合而成的購物中心在多倫多市為數不少，但首屈一指的當推伊頓購物中心(CF Toronto Eaton Centre)。這家購物中心橫跨數個街區，連通了Nordstrom、Saks Fifth Avenue，以及Hudson's Bay三家百貨公司，讓購物迷逛一天也不厭倦。出了市中心，在城市北邊的Yorkdale Shopping Centre，西邊的CF Sherway Gardens，以及東邊的Scarborough Town Centre都擁有各自的大型購物中心。

《精品店》

　　Bloor Street以及附近的約克村是名聞遐邇的精品街。短短的數百公尺匯集了最高檔的珠寶、服飾店，Chanel、Hermes、Louis Vuitton、Tiffany等的旗艦店比肩而立。男士精品專賣店Harry Rosen、Roots旗艦店以及加拿大最高檔百貨公司Holt Renfrew也沒在此缺席。

《名牌暢貨中心》

　　想以優惠的價格購買名牌商品，那就得到Toronto Premium Outlet了。這個名牌暢貨中心位於多倫多市西南方，車程1小時外的Halton Hills，擁有80家商店，包含Burberry、Coach、Hugo Boss、Armani等名牌，深受國人喜愛的始祖鳥(Arc'teryx)戶外服飾店也在此開店。

約克村的悠閒購物街

在暢貨中心Coach專賣店門口排隊的人群

熱瘋體育運動

像多數北美大城市一樣，多倫多人對運動十分狂熱。也許是因為觀看球賽已成為生活的一部分，更可能是因為這個城市擁有屬於自己的球隊，把「看球賽」的休閒活動和「擁護城市球隊」的歸屬感結合，發揮到極致。

多倫多有四大運動：棒球、籃球、冰上曲棍球和足球，每種運動的城市球隊擁有各自的球場。

(圖片提供：Tourism Toronto)

多倫多藍鳥隊(Toronto Blue Jays)
主場：羅渣士中心(Rogers Centre)

棒球

創隊於1977年，是屬於美國職棒大聯盟(MLB)東區的球隊，曾在1992～1993連續兩年贏得世界大賽冠軍，是美國職棒大聯盟中唯一的境外球隊。

(圖片提供：Jerome Sung)

足球

多倫多足球俱樂部(Toronto FC)

主場：滿地可銀行球場(MBO Field)

　　多倫多足球俱樂部是第一支參加美國職業足球大聯盟(MLS)的非美國球隊。球隊於2006年正式成立，雖然起初成績不出色，後來在2017年贏得美國職業足球大聯盟盃，成為了首支MLS三冠王的球隊。

(圖片提供：Tourism Toronto)

籃球

多倫多暴龍隊(Toronto Raptors)

主場：豐業銀行球場(Scotiabank Arena)

　　成軍於1995年，屬於美國NBA，隸屬於東區大西洋組之下。也是NBA聯盟唯一境外球隊。

冰上曲棍球

多倫多楓葉隊(Maple Leafs)

主場：豐業銀行球場(Scotiabank Arena)

　　成軍於1927年，是北美國家冰上曲棍球聯盟(NHL)的「原創六隊」之一。隸屬於NHL東區大西洋組之下。曾贏得13次史丹利盃(Stanley Cup)，是NHL聯盟中僅次於蒙特婁加拿大人隊，贏得史丹利盃最多的一隊。

湖上露天電影院(圖片提供：Tourism Toronto)

熱鬧慶典活動

多倫多的各種活動多如牛毛，365天天天登場。讓我們來看一些不可錯過的慶典，記到你的旅遊行程表上！

一月

❖多倫多燈火節Toronto Light Festival

漫長冬季最適合燈光藝術家展現創意及技巧。每年1月中到3月初，十數個燈光藝術師齊聚古釀酒區，以燈光為筆，黑夜為畫布，將燈光藝術與歷史建築相結合，整個文創園區幻化成一個迷離的世界！

http www.torontolightfest.com

Light Festival的燈光雕塑(圖片提供：Tourism Toronto)

二月

❖冰雕嘉年華Icefest

多倫多免費的冰雕展，每年2月最後一個週末在Village of Yorkville Park舉辦。冰雕藝術家當場鑿冰創作，瑰麗的冰雕藝術在多彩燈光照耀下呈現魔幻的氣息，現場還有DJ播放歌曲，美食攤位，是冬季不容錯過的活動。

http www.bloor-yorkville.com/icefest

三月

❖聖派翠克節遊行St Patrick's Parade

愛爾蘭是多倫多重要的族裔，每年3月聖派翠克節是該族裔重要的慶典活動。綠色是愛爾蘭國家的代表色，也是為了慶祝春天的到來，這個愛爾蘭文化節慶將多倫多城市染成綠色！除了遊行，愛爾蘭小吃、啤酒都是該月的當紅炸子雞。

http stpatrickstoronto.com

五月

❖多倫多公眾開門日Door Open Toronto

想了解平日大門深鎖的政府機構是如何運作的？好奇音樂戲劇院的後台？想知道皇家騎警的養馬祕訣？趁著這個公眾開門日活動，多倫多大多數平常難以進去參觀的政府機構、公園、表演場地，敞開大門接受民眾的參觀。想一探城市究竟，就得趁這個機會。

http www.doorsopenontario.on.ca/toronto

六月

❖多倫多爵士音樂節
TD Toronto Jazz Festival

自從1987年首場音樂會以來，每年6月底為期10天的爵士音樂節，是多倫多市全年第三大音樂盛事。不論是藍調音樂、Hip-hop、拉

丁舞曲等等音樂演出種類紛呈。來自世界各地的1,500名音樂人，在40個場地表演，吸引超過5萬人購票欣賞，將多倫多打造成一座爵士樂城市。

http toronjazz.com

✤ 多倫多同志月Toronto Pride Month

一整個月的LGBT慶祝活動，遊行、園遊會、藝術表演多到目不暇給。主要的遊行有三項：The Dyke March、Trans Parade，以及Pride Parade。活動多集中在掛滿彩虹旗的Church Street和Wellesley Street附近的同志友善街區。

http www.pridetoronto.com

(圖片提供：OntarioTourism)

熱情洋溢的同志遊行(圖片提供：OntarioTourism)

✤ 多倫多紅路湖濱節
Redpath Waterfront Festival Toronto

夏天就是要沙灘！這是多倫多夏天最大的戶外活動之一：熱情的陽光灑在安大略湖2公里的湖岸步道，各種音樂表演、美食攤位、露天電影院、水上活動輪番上陣。運氣好的話，還有大型的船隻停靠岸邊，提供遊客免費上船參觀。

http towaterfrontfest.com

✤ 多倫多創意藝術節Luminato Festival

這可能是多倫多最大的藝術創意表演活動，包含音樂、戲劇、視覺藝術、舞蹈等。每年6月初起為期兩個星期，超過250場來自當地和外國的表演在市內上演。部分的演出場次為免費，年年吸引超過8萬人前來觀賞。

http luminatofestival.com

《 七月 》

✤ 多倫多加勒比海節
Toronto Caribbean Carnival

想體驗中南美洲的熱情和美食，就必參加7月底8月初的加勒比海嘉年華會。號稱是全北美洲夏天裡最大的封街活動，熱帶美食攤位連天，活動音樂震耳欲聾。沿著Lakeshore Road熱鬧前進的大遊行，是嘉年華會的最高潮，彩繪人身，道具炫目，每年吸引2百萬國內外遊客前來縱情狂歡。

http torontocarnival.ca

熱情的加勒比海節慶典
(以下圖片提供：Tourism Toronto)

✛多倫多啤酒節
Toronto's Festival of Beer

　　為了促進加拿大啤酒文化,多倫多啤酒節首創於1996年,規模每年逐步擴大,截至目前為止已是加國最大的啤酒節。買張門票,可以喝到來自世界各地的400種啤酒,包含數10款加拿大的精釀啤酒品牌。除了啤酒,下酒的美食也是現場的重要攤位。活動僅限19歲以上人士參加。

🔤 beerfestival.ca

《八月》

✛希臘美食節
Greektown Taste of the Danforth

　　希臘鎮一年一度的封街美食文化活動,已有超過25年的傳統。通常在每年8月的第二個週末舉辦,為期3天。攤位沿著Danforth Avenue綿延1.6公里,吸引150萬人前來享受美食、音樂。

🔤 tasteofthedanforth.com

✛加拿大國家博覽會
Canadian National Exhibition

　　多倫多夏季尾聲最盛大的一場慶典活動,舉辦日期從8月的第三個週末起持續到9月初的勞動節週末止,為期18天。每年吸引超過150萬人參加,活動規模之大,在北美排名第五,在加拿大則是稱冠,無人能出其右。

🔤 www.theex.com

《九月》

✛多倫多國際影展
Toronto International Film Festival

　　為期10天的多倫多國際電影節(簡稱TIFF),與法國坎城影展齊名,是國際三大電影節之一。從1976年開展以來,每年來自30多個國家、600部電影在此上映,獨立製片、電影明星、導演雲集,讓多倫多9月的天空星光熠熠。舉辦影展的場地TIFF Bell Lightbox也成為多倫多重要景點,是粉絲追星的重鎮。

🔤 www.tiff.net

巨星雲集的多倫多國際電影節(圖片提供:Tourism Toronto)

✛多倫多不眠夜藝術節
Nuit Blanche Toronto

　　越夜越美麗的夜間藝術市集活動。一年就只有這一天,300個來自加拿大及世界各地的國際藝術家使出渾身解數,在多倫多街頭75個地點同時展開。天黑後慢慢增溫,一路狂歡到日出東方,天亮時曲終人散。

🔤 nbto.com

《十月》

✤教堂街萬聖節Halloween on Church

不同於要糖果的小朋友活動，封街的教堂街萬聖節派對，總是擠滿化妝和道具服飾的年輕人，萬聖節當晚在Wood Street和Gloucester Street之間的Church Street展開。穿著各種可愛的服裝、恐怖的裝扮或是道具服的行人擠滿街頭，商圈內的店家也把生意搬到大街上，讓活動有吃有喝更有看頭。

《十一月》

✤多倫多聖誕大遊行
The Original Santa Claus Parade

這個最歡樂的聖誕遊行在每年11月第三個週日舉辦，從Bloor Street出發，行進到聖羅倫斯市場為止，麋鹿、雪人、聖誕老公公一一出現，街邊群眾歡笑讚嘆聲不斷。此遊行已有100多年的歷史，每年吸引50萬人共襄盛舉，是全世界最悠久的年度遊行活動。

http thesantaclausparade.com

✤多倫多聖誕市集
Toronto Christmas Market

想體驗熱鬧的聖誕市集，不需要到德國！11月中旬起，古釀酒區就立起巨大的聖誕樹，廣場搭起一攤攤的小賣店，成串燈泡點亮磚紅

古釀酒區的聖誕市集(圖片提供：Jerome Sung)

街道，整個古釀酒區飄起濃濃的耶誕味。聖誕節該有的美食、玩樂、遊逛、採買的攤位以及聖誕相關表演排程滿滿，直到12月23日，這是多倫多市內最大的聖誕市集。

http www.torontochristmasmarket.com

《十二月》

✤多倫多跨年晚會
New Year's Eve at Nathan Phillips Square

每年新年最後一天，紐約市有時報廣場的活動，多倫多有市政府廣場的倒數！活動從天黑後就展開，歌手音樂表演、煙火施放、廣場溜冰，為一年畫下熱鬧的句點。如果跨年夜不知道去哪裡度過，前來多倫多市政府廣場準沒錯！

古釀酒區的聖誕市集(圖片提供：Tourism Toronto)

市政廳前的聖誕夜溜冰(圖片提供：Jeromy Sung)

(圖片來源：Tourism Toronto)　　(圖片來源：Tourism Toronto)

多倫多市區行程規畫

經典2日遊

Day 1

上午 → 前往**約克堡**，參觀加拿大收藏1812年美加戰爭古物最齊全的博物館。續往**CN Tower**，從高空鳥瞰城市、安大略湖的景致。接著到**瑞普立水族館**，奇特的海底生物和長長的觀景隧道在召喚你。

下午 → 沿著**安大略湖**湖畔，漫步在皇后碼頭，在啤酒餐廳的露天座位來杯精釀啤酒，欣賞湖上往來船隻風光。搭乘渡輪前往**多倫多群島**，從遠處觀賞多倫多壯麗的天際線。

Day 2

上午 → 從**聯合車站**開始一天的冒險。沿著**卑街**北行，一路體驗多倫多商業中心的高樓大廈群。前往**新舊市政廳**觀看老城與新建築的融合。鑽入全多倫多最大的**伊頓購物中心**，暢快購物。

下午 → 前往古老的**聖羅倫斯市場**，兩層樓的生活市集讓人眼花撩亂。**古釀酒區**就在聖羅倫斯市場不遠處，建議徒步前往，優游在石磚步道以及紅磚建築的文創區，在餐廳露天座位品嘗啤酒與生蠔。

愜意4日遊

Day1、Day2 參考「經典2日遊」行程。

Day 3

上午 → 前往**尼加拉瀑布**，搭乘吹號角者遊船，近距離體驗瀑布的磅礴。登高**史凱龍塔**，從高空欣賞瀑布全貌。在**Clifton Hill**享用午餐，參觀鬼屋，或是到賭場小玩一把。

下午 → **濱湖尼加拉鎮**是探訪百年歷史餘味的好去處。離開尼加拉瓜地區前，拜訪**酒莊**，品嘗湖區酒鄉獨特的冰酒風味。

Day 4

上午 → 前往**安大略美術館**，加拿大與歐洲藝術作品讓人流連忘返。附近的**唐人街**和**肯辛頓市場**既好逛，也是填飽五臟廟的好去處。

下午 → 搭乘地面電車往北，來到精品集中的**Bloor Street**，一旁的**安大略皇家博物館**收藏豐富，值得你花3小時仔細逛逛。再繼續搭乘地鐵前往**卡薩‧洛馬城堡**，一窺百年前富豪舊居的風貌。

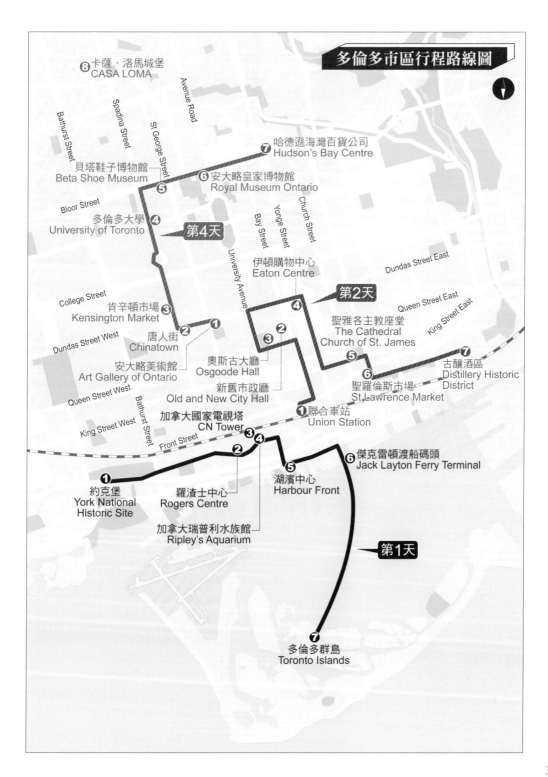

多倫多市區行程路線圖

⑧卡薩·洛馬城堡
CASA LOMA

⑦哈德遜海灣百貨公司
Hudson's Bay Centre

Avenue Road

Bathurst Street

Spadina Street

St George Street

貝塔鞋子博物館
Beta Shoe Museum
⑤

⑥安大略皇家博物館
Royal Museum Ontario

Bloor Street

多倫多大學
University of Toronto ④

第4天

University Avenue

Church Street

Yonge Street

Bay Street

伊頓購物中心
Eaton Centre

Dundas Street East

第2天

College Street

肯辛頓市場
Kensington Market ③

④

聖雅各主教座堂
The Cathedral
Church of St. James

Queen Street East

King Street East

唐人街
Chinatown ② ①

③ ②

⑦

Dundas Street West

安大略美術館
Art Gallery of Ontario

奧斯古大廳
Osgoode Hall

⑤

⑥

古釀酒區
Distillery Historic
District

新舊市政廳
Old and New City Hall

聖羅倫斯市場
St.Lawrence Market

Queen Street West

① 聯合車站
Union Station

King Street West

Bathurst Street

加拿大國家電視塔
CN Tower

Front Street ② ③ ④

⑤

⑥傑克雷頓渡船碼頭
Jack Layton Ferry Terminal

① 約克堡
York National
Historic Site

羅渣士中心
Rogers Centre

湖濱中心
Harbour Front

加拿大瑞普利水族館
Ripley's Aquarium

第1天

⑦多倫多群島
Toronto Islands

多倫多
城市漫遊

20世紀70年代，多倫多都會區蓬勃發展，一舉超越蒙特婁市，成為全加拿大最大的都會區。多倫多市是多倫多都會區裡最大的城市，由數個行政區域組成。其中人口密度最高，文化、商業活動最熱絡的，就屬城市最南端的市中心(Downtown)、城市西區(West End)，以及城市東區(East End)這三個區域。其他區域，諸如士嘉堡(Scarborough)、密西沙加市(Mississuaga)、宜陶碧谷(Etobicoke)，雖然離市區較遠，卻也以各自的市中心發展，展現不同的面貌。

多倫多東區
East End

布洛爾-約克村/多倫多大學
Bloor-Yorkville/
University Of Toronto

多倫多市分區圖

漾-丹得仕
Yonge-Dundas

背辛頓市場
Kensington
Market

多倫多西區
West End

唐人街
Chinatown

金融區
Financial
District

多倫多老街區
Old Town Toronto

娛樂區
Entertainment
District

湖濱區
Harbour
Front

多倫多群島
Toronto Islands

前往多倫多

作為加拿大第一大都會區,加上鄰近美國東岸數個重要都市,多倫多成為加拿大東岸交通輻輳中心,不論是從水路、公路、鐵道、搭機都能輕鬆前往。台灣旅客可選擇多家航空公司抵達加拿大西岸後轉國內線機前往,或搭乘長榮航空的直航班機抵達。

機場

→ 多倫多皮爾森國際機場

多倫多皮爾森國際機場(Toronto Pearson International Airport,代碼YYZ)。機場位於多倫多市中心西方約27公里處,提供國際以及國

多倫多皮爾森機場繁忙的入境大廳

內航線服務。機場有1號以及3號兩個航廈。1號航站為西捷航空(WestJet)的大本營,使用3號航站則是加拿大航空、星空聯盟以及台灣直飛多

多倫多皮爾森機場外的巨石雕像 (圖片來源:Tourism Toronto)

倫多的長榮航空。

免費的機場輕軌(Terminal Link)連接兩座航廈、Viscount站以及機場停車場。

→比利畢夏多倫多城市機場

比利畢夏多倫多城市機場(Billy Bishop Toronto City Airport，代碼YTZ)。機場位於多倫多市中心的中央島西端，主要提供國內線以及往來美國的班機。前往比利畢夏多倫多城市機場的方法有三：從多倫多中央島渡輪碼頭搭乘渡輪或步行前往、從市中心York Street搭乘接駁巴士，或是搭乘計程車前往。

位於多倫多島上的比利畢夏多倫多城市機場

→皮爾森機場前往多倫多市中心

■搭乘UP機場快線(Union Pearson Express)

這可能是前往市中心最舒適便捷的方式。UP機場快線從第三航廈出發，每15分鐘發車一班，

UP機場快線(圖片來源：Tourism Toronto)

搭乘25分鐘即可抵達市中心的聯合車站。單程票價加幣$12，車廂寬大舒適，車廂內提供免費充電以及無線網路。

■搭乘地鐵

搭乘TTC(多倫多大眾交通局)#192公車到Kipling地鐵站，或是公車#52A前往 Lawrence West bus地鐵站，轉搭地鐵至市中心。

搭乘公車轉乘地鐵雖然較耗時，卻是從機場前往多倫多市區最經濟的方式

■搭乘計程車或機場禮車

出了機場大廈，在航站計程車招呼處即可上車。若不塞車的情況下，前往多倫多市區的車資約為加幣$60。

■搭乘飯店免費巴士

許多飯店都提供免費的巴士在機場航站接送旅客，建議出發前先上網查詢確認，或抵達時在航站出口飯店專車詢問處洽詢。

巴士

眾多巴士公司提供了往來機場的服務。Greyhound、Coach Canada、Twenty-Wage/Megabus，以及Ontario Northland的巴士，從市中心的Toronto Coach Terminal (141 Bay Street)出發前往機場；GO Transit的雙層巴士則是以聯合車站為中心，提供前往機場以及大多倫多地區跨區的載客服務。

火車

所有的火車都以聯合車站為輻射中心，接送往來多倫多到他地的旅客。

VIA Rail掌握了絕大部分加拿大境內跨省的客運運輸，直達各個城市。VIA Rail也與美國Amtrak鐵路系統接軌，從多倫多接連美國東岸各大都市。

若要從大多倫多地區各城市搭乘火車前往多倫多，GO Transit是最方便的選擇。白綠相間的兩層樓火車車廂識別度最高，頻繁的發車頻率最受通勤人士的喜愛。

聯合車站的UP車站

聯合車站內搭乘火車的指引

上下兩層樓的安大略省GO火車

自駕、租車

多倫多的聯外道路以Hwy 401、Hwy 400以及QEW(Queen Elizabeth Way)這3條省級公路為主。平日高速公路車流量大且車速快，下上班時段的塞車更是家常便飯。多倫多的高速公路全線不收費，但為了紓解交通，收費省道Hwy 407應運而生。如果不願意繳交過路費，記得避免行駛Hwy 407。

抵達多倫多機場，選擇租車自駕是遊覽安大略省的好方式。大部分主要租車公司都在機場內設置服務櫃檯(On-Site Car Rentals)。營業時間頗長，通常自上午6點至凌晨1點，方便晚到或是深夜出發的旅客借、還車。若是向沒在機場內設置服務櫃檯的租車公司租用汽車，則需搭乘機場輕軌至Viscount Station，在車站1樓手扶梯旁的免費電話連絡租車公司，租車公司會派遣巴士將旅客接送至機場外圍(Off-Airport)的租車櫃檯。

開車自駕是在安大略省旅行最便利、彈性最高的交通方式

城市內交通

TTC公共交通系統

多倫多擁有發達的公共交通網，市內的交通系統主要由地鐵、巴士和地面電車構成。3種交通工具由Toronto Transit Commission(多倫多交通委員會，簡稱TTC)統一營運，包括3條地鐵線，9條路面電車，及150條路線的巴士。多數的大眾交通工具的外觀都塗上TTC的紅色企業色，當地人為它起了一個綽號：紅色火箭(Red Rocket)。

http www.ttc.ca

→ 購票須知

在多倫多搭乘大眾交通工具，可以使用PRESTO儲值卡、PRESTO票券、TTC token(銅幣票)、現金、信用卡或是銀行卡。若以現金支付，必須在上車前準備剛好面額的銅板，因為車上的司機不負責賣票，也不提供找零的服務。

PRESTO儲值卡就像台灣的悠遊卡或香港的八達通卡，適用於TTC交通網的所有交通工具、

多倫多地鐵站都已改成電子票券自動查驗口

GO鐵公路以及UP機場快線。為了通行方便，建議搭乘交通工具前先購買PRESTO儲值卡，儲值時可選擇任意金額，或是無限次搭乘的月票。PRESTO票券則有3種，可選擇單次、兩次或一日通行券。

不論購買PRESTO儲值卡或PRESTO票券，搭乘TTC大眾交通工具時都可享受2小時內任搭、轉乘不同交通工具，無須再付費的優惠。

http prestocard.ca

感應PRESTO卡便可通過閘口

■PRESTO購票地點

儲值卡和票券可在TTC的官網、多倫多所有地鐵站的自動售票機，Davisville車站地面層的TTC顧客服務中心，或是超市通路Shoppers Drug Mart購得。倘若需要為一般PRESTO儲值卡(孩童、老年人、學生優惠卡)以外的卡儲值，則必須攜帶政府核發的證明文件，前往Shoppers Drug Mart或TTC顧客服務中心辦理。

■PRESTO票價

以現金購買單程票，成人票價為加幣$3.35，學生票加幣$2.40，長者優惠票加幣$2.30，12歲以下兒童免費。若以信用卡支付，成人票價為加幣$3.30。

若多次搭乘，不論是以PRESTO儲值卡或PRESTO票券購買，都有多種優惠。建議搭乘次數較少或僅短暫停留的旅客購買PRESTO票券即可。

單次／多次／1日券票價

票卡種類	一般票價	學生(13～19歲)	長者(65歲以上)
PRESTO儲值卡單次搭乘	$3.30	$2.35	$2.25
PRESTO票券單次搭乘	$3.35	$3.35	$3.35
PRESTO票券2次搭乘	$6.70	$6.70	$6.70
PRESTO票券1日券	$13.50	$13.50	$13.50

以上幣值為加幣。資料時有變動，請依TTC公告為準

以PRESTO儲值卡購買月票價格

票種	成人	長者(65歲以上)或學生(13～19歲)
一次購買12個月的月票	加幣$143.00／月	加幣$117.45／月
單次購買的月票	加幣$156.00／月	加幣$128.15／月
大學(含以上)	加幣$128.15／月	－

1.以上幣值為加幣。資料時有變動，請依TTC官網公告為準
2.次月月票可自當月最後12天開始直到次月8日前購買
3.購買「一次購買12個月的月票」者，需先上網簽約，方得享受優惠

舊票券和token不再發行

TTC已全面改採用PRESTO儲值卡和票券，先前流通的舊票券和token已停止發行，無法退款，也無法在舊的票卡內儲值。雖然如此，舊票券和token仍可繼續使用，而且沒有使用期限。

→ 地鐵

首條地鐵於1954年落成，是加拿大的第一條地鐵。目前地鐵系統有3條路線(包含一條高架輕軌)及70個車站，路線總長度達70.5公里。

地鐵指示牌

多倫多地鐵站

#1黃色Yonge-University線

是條U形線路，從城市南端聯合車站直達到城市北部。

#2綠色Bloor-Danforth線

橫跨城市東西兩側，穿越城市最熱鬧商圈，東向直達士嘉堡市。

地鐵車廂裡的到站指示燈

#3藍色Scarborough線

原為由綠線延伸至士嘉堡市中心的支線,已於2023年11月停用,改以路面公車#903替代。

#4紫色Sheppard線

是黃線從北約克(North York)向東行的支線。

地鐵站或車廂內都提供了地鐵路線地圖,在車廂內也可以取得紙本路線圖及班次表。目前TTC在各地鐵站(不包含站與站之間,以及隧道內)提供免費的無線網路服務,方便在車站裡的乘客候車時上網。

→ 公車和地面電車

TTC提供了11條地面電車以及超過160條公車路線,織成綿密的交通網,讓多倫多的大眾交通十分便捷。搭乘公車一律前門上車並刷卡或投現,由後門下車。車上不找零,所以必須準備

簡潔的公車站牌 　　公車上的PRESTO刷卡機

正確的金額購票。搭乘某些特定新型地面電車時,可在車廂內以現金或是信用卡從自動售票機購票。

車廂內窗格上都有線鈴,扶手欄杆上也有紅色按鈕,旅客按鈕後車內電子螢幕會出現Stop Request字幕。如果沒有人按下車鈴,公車或電車將過站不停。

地面電車停站時多停靠在十字路口的快車道上,旅客上下車須注意後方來車,以策安全。

→ GO系統公車和火車

除了TTC的3種交通工具外,綠白鄉間的GO公車、鐵路系統,也提供往來大多倫多個城市間的通勤服務。

舒適度較高的新式電車陸續上路,淘汰掉舊型電車

地面電車裡的購票機

在公車或地鐵車廂可取得TTC交通工具班次表,方便乘客查詢或轉乘

公車、地面電車搭乘小貼士

在多倫多大眾交通網地圖上有藍、綠兩個顏色的路網,分別是快捷公車和夜間地面電車,提供乘客更方便的移動方式。

● **快捷直達公車**:若想搭乘公車抵達城市內的目的地,停站較少的#900系列快捷公車是最佳選擇。這系列的路線在大眾交通路網上以綠線標示,最西端可達多倫多皮爾森國際機場,東端則可抵達多倫多大學士嘉堡分校。

● **夜間地面電車**:地圖上一般地面電車的路網以紅色標記,深夜電車則是藍色。路線以#300為名的路面電車服務的時間是凌晨01:30開始,一直到清晨地鐵開始營運為止,平均每30分鐘一班,全年無休。

計程車

計程車在多倫多街頭隨處可見，招手即停。多倫多雖然有多家計程車公司，但車資一律相同：起程價為加幣$3.25，續程每0.143公里跳加加幣$0.25，延滯計時每29秒加收加幣$0.25。車資24小時皆同，沒有深夜加成的計算。下車時，一般會另行付車資的10～15%作為小費。若需要提前預約，不妨撥打416-TAXICAB這個電話號碼，該公司提供一般計程車，或是機場禮車接送服務。

Uber或Lyft

這兩個共享經濟的租車公司在多倫多都有提供服務。旅客可透過手機上的APP預訂載客服務。

租車、自駕

在機場、火車站和許多商圈都有租車服務處。租車的最低年齡在21歲(某些租車公司要求25歲)，租車時必須出示國際駕照、原居地駕照，以及支付租車費用的信用卡。若有超過1位駕駛一起使用該部租車，需在租車時向租車公司登記。建議出發前上網預訂，將可獲得較便宜的租車費用。

腳踏車

多倫多與加拿大其他城市一樣，十分重視環保，市內設置了不少腳踏車專用道。多倫多市政府也提供了共享單車的服務(Bike Share Toronto)，民眾可以單次(開鎖加幣$1，一般單車每分鐘計價加幣$0.12，電動腳踏車每分鐘加幣$0.2)，或是單日(加幣$15，騎乘時間90分鐘，限一般單車)租用。在街頭租借一輛腳踏車，花上半天遊覽這個城市，是個輕鬆又省錢的好方法。

街頭的共享單車站

步行

如果你自認腳力不錯，搭配大眾交通工具，步行也是個在景點間移動的好方式。除了欣賞都市景觀、湖景風光，多倫多市的城市地下通道PATH串起多個商圈，更是適合好走一族避開風吹雨打日曬的好去處。

搭船

不論是要遊湖，或是前往多倫多群島健行、騎自行車，湖濱碼頭提供了中型渡輪、小型水上計程車、觀光遊船、帆船等，滿足你的各種需要。

湖濱中心旁的水上計程車

安大略湖上的遊船

好用觀光資訊

→ 觀光巴士

■Toronto Bus Company

提供以24人座的小巴士，進行為時2小時的城市導覽，票價由加幣$31.99起。

http www.torontobusco.com

■City Sightseeing Worldwide

多倫多隨到隨搭(Hop-on Hop-off)的遊覽公司，提供復古觀光巴士以及雙層觀光巴士，票價自加幣$49.62起。

http city-sightseeing.com/en/home

在漾・丹得仕廣場，準備上觀光車的旅客

→ 步行導覽

■Heritage Toronto

這個網站提供了56條城市內的步行導覽服務。各種主題，如建築、歷史、音樂之旅，導覽專家如數家珍告訴你這個城市的故事。導覽服務只在4～10月初提供，絕大部分免費，部分費用為加幣$20起。

http www.heritagetoronto.org

路邊隨處可見的城市地圖

■ROMWalks

這是由安大略皇家博物館提供的2小時免費導覽，介紹多倫多數個歷史區域。若旅客達10人以上，亦可要求安排私人團體導覽，費用為每人加幣$10。

http www.rom.on.ca/en/whats-on/romwalks

■A Taste of the World

想嘗嘗多倫多的美食，了解城市的文化，甚至來場尋鬼探險？這個行程提供多倫多最另類的導覽！費用為加幣$25起。

http www.facebook.com/ATasteOfTheWorldEvents

→ 觀光套票

■Toronto City Pass

這是玩遍多倫多重要博物館最省錢的方式！購買一本套票就可以暢遊國家通訊塔、萊普利水族館、卡薩・洛馬城堡、安大略皇家博物館、多倫多動物園，或是安大略科學中心等5個景點，最多可以節省加幣$70。

$ 成人加幣$99.25，孩童加幣$74.25(稅另加)，可在套票包含的各景點購買

http www.citypass.com/toronto

Toronto City Pass是觀光多倫多市的省錢好幫手

漾-丹得仕
Yonge-Dundas

**區域
範圍**

這區域主要指的是沿著 **Yonge Street** 的商圈，東西向約莫是 **Church Street** 與 **University Avenue** 之間，南北向則是 **Queen Street** 以及 **Wellesley Street** 之間。

**交通
對策**

搭乘地鐵 **#1、#2**，或者地面電車 **#501、#505、#506** 都可到達此區。

CHURCH · WELLESLEY
VILLAGE
· Wellesley St E ·
71

Yonge Street號稱是全加拿大最長的一條街。南起自安大略湖濱的Front Street，往北延伸至Lake Simcoe，全長86公里。最熱鬧繁華的街區當屬街道最南段的多倫多市中心，在這商圈內有超過600家店鋪，150間餐廳，以及10多間大型旅館，電影院、藝廊、博物館林立。Yonge Street與Dundas Street交

Yonge Street上的封街活動

叉口的漾・丹得仕廣場(Yonge-Dundas Square)是多倫多商業最繁忙、最多行人徒步的區域。每當週末或是例假日，廣場上總是有參加不完的音樂會、藝術表演。

　　遊客最愛從漾・丹得仕廣場旁的雙層觀光巴士下車，鑽入一旁的伊頓購物中心(CF Eaton Centre)暢快購物。飽食一頓後，到購物中心旁廣場一覽新市政廳的嶄新氣派，以及老市政廳的古色古香。

Church Street上著名的同志夜店

支持同志的彩虹人行道就在Church Street上

挖苦著多倫多高生活費的馬克杯

平價流行服飾H&M的店面在Yonge Street上巨大的店面

漾・丹得仕廣場夜景

漾・丹得仕

Wellesley Street West

安大略省議會大樓
Legislative Assembly of Ontario

Captain's Boil

Queen's Park
College Street

College
Carlton Street

Church Street

往 艾倫溫室植物園 Allan Gardens

Bay Street

Yonge Street

金豚拉麵
Kinton Ramen
Gerrard Street East

University Avenue

多倫多都會大學
Toronto Metropolitan University

Uncle Tetsu's Japanese Cheesecake

漾・丹得仕廣場
Yonge-Dundas Square

St Patrick

Dundas Street West

Dundas
Dundas Street East

新市政廳
Toronto New City Hall

麥肯錫市長故居博物館
Mackenzie House

Bay Street

伊頓購物中心
CF Toronto Eaton Centre

北海道山頭火拉麵
Hokkaido Ramen Santouka

Eggspectation

奧斯古大廳
Osgoode Hall

舊市政廳
Old City Hall

Osgoode
Queen Street West

Queen

Queen Street East

坎貝爾故居博物館
Campbell House Museum

Dineen Coffee Co.

45

漾‧丹得仕廣場
Yonge-Dundas Square

位於多倫多市的中心樞紐，漾‧丹得仕廣場隔著漾街與伊頓購物中心(CF Eaton Centre)相對。廣場經常舉辦各類節慶活動、戲劇表演、音樂會，或是商業特賣會，每天吸引外來遊客以及多倫多居民前來購物、用餐。

廣場落成於2002年，本身就是一個專業舞臺，花崗岩地面的廣場可容納上千人，廣場一角的舞臺配有成串的燈光設備、售票亭和由22台電腦控制的噴泉。夏季裡，週末有免費音樂會、電影放映會時，廣場上總是黑鴉鴉的人潮。

如果不喜歡參加表演活動，不妨白天買杯咖啡，坐在廣場上的椅子上觀看多市的熱鬧。入夜後，站在廣場上也很有看頭，四周高聳的大樓架起巨型LED螢幕，形形色色的廣告影片、動畫

輪流播放，身邊街頭藝人的輪番演出、當街播放音樂的年輕人奮力舞動……頗有紐約時代廣場的味道。

✉ 1 Dundas Street East, Toronto, ON M5B 2R8 ☎ (416)979-9960 💲 免費 ➡ 搭乘地鐵#1在Dundas Station站下車 http ydsquare.ca MAP P.45

1.街頭表演最能吸引人潮／2~3.夏日週末廣場上的活動／4.廣場上的巨型招牌

市中心最大購物商場

伊頓購物中心
CF Toronto Eaton Centre

海馬老爸

以加拿大傳奇商人Timothy Eaton命名，1977年開幕，每週有上百萬血拼客湧入這個購物中心消費，是多倫多市中心最大的購物中心。擁有230多家流行商店、餐廳、咖啡館，來自紐約的百貨公司Sak's Fifth Avenue，以及多倫多第一家Nordstorm百貨公司。連鎖書店Indigo位於2樓，除了書本之外，禮品區也深受多倫多人的喜愛。高檔男裝服飾店Harry Rosen是男士們一站購足的好去處，當紅戶外服飾品牌加拿大鵝（Canada Goose），是觀光客絕不會錯過的必買品。

圓弧形的玻璃屋頂蓋住購物中心挑高5層樓的天井，大片天光灑落下來，設計概念來自19世紀義大利Galleria Vittorio Emanuele購物廊街。一群近百隻加拿大雁展翅掠過半空，這是購物中心裡最吸睛的公共藝術，是多倫多藝術家Michael Snow的創作。通往對街Hudson's Bay百貨公司的透明天橋架設於2017年，方形橋框以幾何圖形向遠處旋轉，營造了迷幻的空間感，也是多倫多不可錯過的公共藝術之一。

地下1樓Urban Eatery聚集了超過50家餐廳、攤位的小吃街，擁有900個座位，是多倫多市最大的小吃街，裝潢氣派舒適，提供逛街逛累了的顧客舒適的休息空間。

✉ 220 Yonge Street, Toronto, ON M5B 2H1 ☎ (416)598-8560 ⏰ 週一～六10:00～21:00，週日11:00～19:00 💲 免費 ➡ 搭乘地鐵#1在Dundas Station站或Queen站下車 🌐 www.cfshops.com/toronto-eaton-centre.html 🗺 P.45

1~2.玻璃天井下的寬敞購物空間／3.與Hudson's Bay相連的空中走廊／4.購物中心裡各種名牌商店／5.購物中心裡半空中的藝術創作／6.在購物中心裡舉辦的宣傳活動

1

 多倫多地標建築

新舊市政廳
City Hall and Old City Hall

海馬
老爸

自從芬蘭建築師Viljo Revell在競圖競賽中獨占鰲頭,並在1965年將他的設計圖付諸實現,多倫多市政廳就充滿爭議。左右兩座高低不同的弧形大樓包圍著低矮的圓形建築,50多年來市政廳已經成為多倫多市的地標,也成為市政的標誌。

2015年,巨大TORONTO字樣的LED燈在市政廳前納森飛利浦廣場的噴水池前立起,更讓市政廳成為多倫多旅遊景點第一名。每當入夜後,七彩的LED燈倒映在水池中,是情侶的約會勝地,更是攝影師最愛的取景地。冬季裡在結冰的水池上溜冰,是多倫多市冬季最受歡迎的活動之一。

一年中幾乎每個週末都有大大小小的活動在市府前的廣場舉辦,其中最熱鬧的,當屬跨年晚會,演唱會、煙火施放、新年倒數等活動吸引數萬民眾參與,將廣場擠得水洩不通。

宏偉的紅磚建築隔著卑街(Bay Street)與市政廳相望,是多倫多舊市政廳。1899年至1965年間作為多倫多市政廳,目前是多倫多的地方法院。舊市政廳外觀典雅,在1984年被列入加拿大國家古蹟。磚牆頂著紅銅屋頂,高聳的鐘樓遠在數公里外都清晰可見。

2

3

4

5

(圖片來源:Tourism Toronto)

1.新舊市政廳比鄰而立/2.散發歷史古味的舊市政廳/3.不對稱圓弧造的新市政廳/4.市政廳廣場前的七彩噴泉/5.冬季的市政廳廣場是熱門的溜冰場

✉ 220 Yonge Street, Toronto, ON M5B 2H1 ☎ (416)598-8560 ⏰ 週一～五08:30～16:30 休 週六～日 💲免費 🚇 搭乘地鐵#1在Dundas Station站或Queen站下車
http www.toronto.ca MAP P.45

多倫多第一任市長故居

麥肯錫市長故居博物館
Mackenzie House

這棟位於市中心的3層樓老建築，離漾‧丹得仕廣場只有幾步之遙，是多倫多第一任市長威廉麥肯錫(William Lyon Mackenzie)的故居。1837年麥肯錫市長率眾上街遊行，意圖推翻當時的加拿大政府，但旋即被通緝而逃往美國。1850年獲得加國政府的特赦後，住進這棟由親友為他購買的房子，但不到3年就因病過世，房子由遺孀續住。目前這棟建築作為博物館之用，也是多倫多著名的鬼屋之一，據說市長的幽靈經常穿梭在主臥和書房之間。每年萬聖節前後總吸引大批好奇的群眾前來一探究竟。

老市長故居是一棟3層樓的典雅石屋

✉ 82 Bond Street, Toronto, ON M5B 1X2 ☎ (416)392-6915 ◷ 每天中午11點開放參觀，開放時間因季節而不同，請查詢博物館官網 💲 成人加幣$8，老年加幣$7，青少年加幣$7，兒童加幣$5，4歲以下孩童免費 ➡ 搭乘地鐵#1在Dundas Station站下車，出站沿著Dundas Street East東行，至Bond Street右轉 🌐 bit.ly/2HMSSFx 🗺 P.45

歷史司法重鎮

奧斯古大廳
Osgoode Hall

緊鄰著多倫多市新舊市政廳大樓西側，就是奧斯古大廳，為法律協會(Law Society)在1832年建造，有著羅馬列柱的新古典主義派建築群，以當時上加拿大省第一任司法官威廉奧斯古(William Osgoode)的名字來命名。原本作為法律人才培育學校，也曾經是該省最高法院所在，目前仍是法律協會的辦公室。拼花地磚、水晶吊燈，搭配歷任的法官畫像，奧斯古大廳內部仍維持20世紀初的原貌。春末夏初時節，前庭數棵兩層樓高的蘋果花盛開，花容與歷史建築相輝映，美不勝收。

✉ 130 Queen Street West, Toronto, ON M5H 2N5 ☎ (416)947-3300 ◷ 採預約制 💲 免費，只接受10人以上團體預約參觀 ➡ 搭乘地面電車#301、#501、#502在Queen Street West上的York Street站下車 🌐 www.osgoodehall.com 🗺 P.45

1.春天盛開的蘋果花妝點嚴肅的前法院建築／**2.**有著羅馬柱的新古典主義建築／**3.**建築前的公園是民眾散步休憩的公共空間

坎貝爾故居博物館
Campbell House Museum

這棟與奧斯古大廳一街之隔的老屋,是落成於1822年的歷史建築。作為當年上加拿大省司法官威廉坎貝爾(William Campbell)的住宅,風格是多倫多少見的喬治亞式建築。近200年的歷史,這棟房屋曾多次作為民宅、店鋪、甚至工廠之用。1950~1960年代多倫多市為了都市發展,風行推倒歷史舊屋,這棟歷史建築在專家學者的努力下得以倖存。目前老屋為一博物館,常態展呈現多倫多早期的市民生活。除此之外,館內空間亦多作為該市新銳藝術家舞臺劇以及小型音樂表演之用。

坎貝爾故居博物館外貌雖不起眼,卻是多倫多重要的19世紀歷史建築

✉ 160 Queen Street West, Toronto, ON M5H 3H3 ☎ (416)597-0227 ◷ 週二~五10:00~16:30,週六12:00~16:30 ㉡ 週日~一 💲 成人加幣$10,老年、青少年加幣$6,12歲以下孩童免費 ➡ 搭乘地面電車#301、#501、#502在Queen Street West上的University Avenue站下車 http www.campbellhousemuseum.ca MAP P.45

多倫多都會大學
Toronto Metropolitan University

沿著Yonge Street最熱鬧的街區散步,一棟巨大的玻璃帷幕建築在路邊傾斜,建築低樓層處露出藍色內裡,由幾根水泥柱支撐,這棟造型怪異的大樓就是多倫多都會大學的學生中心。該大學是多倫多市區內的公立大學,擁有文學、傳播設計、社會服務、工程建築,以及商學院,其中傳播設計以及商學院(Ted Rogers School of Management)頗負盛名。校區建築散落在Yonge以及Church Street之間,附近餐廳林立,是充滿活力的文教區。

✉ 350 Victoria Street, Toronto, ON M5B 2K3 ☎ (416)979-5000 ➡ 搭乘地鐵#1在Dundas Station站下車,沿著Yonge Street北行至Gould Street http www.torontomu.ca MAP P.45

1.造型醒目的學生活動中心/**2~3.**大學裡新舊建築兼容並蓄/**4.**大學附近街區的壁畫

📷 古意盎然的溫室花園

艾倫溫室植物園
Allan Gardens

坐落在市中心，包夾於Carlton和East Gerrard兩條街之間的艾倫溫室植物園，歷史悠久，是集園藝、建築和文化於一體的百年植物園。植物園占地廣闊，除了溫室主建築外，還包含了可遛狗的公園和兒童遊樂場。植物園落成於1858年，最初為多倫多前市長喬治艾倫(George William Allan)創建的多倫多園藝社(Toronto Horticultural Society)所屬的花園。1888年園藝社將植物園捐贈給多倫多市政府，整備開放期間主要建物不幸於1902年毀於一場火災，經重建後於1910年對外開放。

溫室是由Arid House、Tropical House、Palm House、Orchid Bromelied House和Temperate Show House等6個不同植物主題的玻璃屋組成。每座玻璃屋都以古意盎然的黃磚搭建，搭配純白鐵件的穹頂和拱門，維多利亞建築風格形式優雅，遠看像極了數座首尾相連、精雕細琢的玻璃珠寶盒。總面積達1,600平方英尺的溫室分別展示了沙漠、熱帶和溫帶等不同氣候和地區的植物，來自世界各地，顏色和形狀特異的花卉、仙人掌、蘇鐵、棕櫚、蘭花和水生植物茂生在各主題館，姿態盎然。

植物園附屬的「艾倫溫室植物園之友社」每年不定期舉辦各種活動，最受歡迎的是春季復活節、秋季，以及聖誕節等季節花展，總是吸引眾多園藝愛好者參與，讓這座植物園成為市民心目中最佳的休閒去處。

1.型制左右對稱及圓頂玻璃屋展現濃濃的文藝復興建築風格／2.不少沙漠地區罕見植物是北美難得的收藏／3.溫室內一角的歐式庭園和池塘／4.熱帶花園內的蕾絲金露花正繽紛綻放

📧 160 Gerrard Street East，Toronto，ON M5A 2E5
📞 (416)392-7288 🕐 週一～日10:00～17:00 💲 免費
➡️ 搭乘地鐵#1在College站下車，向東沿著Carllton Street行經兩條街區至Jarvis Street；搭乘街車#506或公車#306在Carlton Street at Jervis下車即達 🌐 bit.ly/457nicJ 🗺 P.45

來自北海道的拉麵

北海道山頭火拉麵
Hokkaido Ramen Santouka

◀山頭火的經典口味：味噌拉麵

淋、銅鑼燒冰淇淋三明治，是夏天裡吃完一碗熱呼呼的拉麵後，消暑的好選擇。

遍布全世界9個國家，山頭火拉麵也進軍加拿大的溫哥華和多倫多。離漾‧丹得仕廣場只有不到5分鐘的步行距離，獨棟磚造建築漆上白色斗大的中英文店名。醬油和鹽味拉麵是店裡的經典口味，叉燒肉肥厚軟嫩，湯頭較其他拉麵店來得濃郁，頗有日本本土拉麵的風格。該餐廳的套餐除了一碗拉麵，另包含一碗鮭魚蓋飯，適合食量大或是飢腸轆轆的人。人氣甜點抹茶冰淇

拉麵店低調的磚牆外觀

辛辣叉燒拉麵與鮭魚蓋飯

✉ 91 Dundas Street East, Toronto, ON M5B 1E1 ☎ (647)748-1717 ◷ 週一～～日11:00～23:00 💲 約加幣$20～30 ➡ 搭乘地鐵#1在Dundas Station站下車，出站沿著Dundas Street East 東行，過了Bond Street就在右手邊 🌐 www.santouka.co.jp 🗺 P.45

店內招牌班尼迪克蛋

👍 海馬老爸

Eggspectation

多倫多的餐廳上千家，以雞蛋為主題的餐廳卻不多，Eggspectation就是全日供應蛋料理的餐廳。空

間寬敞通透，裝潢典雅，饒富雅痞的味道，不論是餐飲口味或是氣氛都吸引年輕顧客。

班尼迪克蛋(Benedict)是該店的招牌，提供了煙燻鮭魚、蒙特婁培根、大西洋龍蝦等多種口味，與香濃荷蘭醬搭配，口感絕妙。除了蛋料理，該店的可麗餅、比利時格子鬆餅套餐，分量不小，是人氣餐點。

如果要前往Eggspectation用餐，建議選擇週間造訪，週末上午通常需等候1小時才能入座。

1.餐廳的玻璃大門映出街道綠意／2.略帶輕雅痞風的餐廳裝潢／3.看似華人常吃的蛋餅，味道卻非常西方／4.鮭魚班尼迪克蛋是招牌菜

✉ 483 Bay Street, Toronto, ON M5G 2C9 ☎ (416)979-3447 ◷ 週一～五07:00～16:00，週六～日07:00～17:00 ✖ 無 💲 約加幣$20～30 ➡ 搭乘地鐵#1在Queen站下車，出站沿著Queen Street West西行，James Street右轉，餐廳在Albert Street路口 🌐 eggspectation.com 🗺 P.45

可量身訂做你的拉麵

金豚拉麵
Kinton Ramen

以豬隻剪影為標誌的金豚拉麵在大多倫多地區有多家分店，湯頭強調以豬骨、雞骨，以及蔬菜熬製20個小時，搭配先熬煮再烤炙的叉燒肉，擄獲了多倫多饕客的舌頭。

店內所有拉麵都可以量身訂做：步驟1.選擇雞或是豬骨的湯底，2.選擇拉麵口味，3.再選定寬或細麵，4.最後決定是否加點配菜，屬於你自己的拉麵就會熱騰騰送上桌。可另加選豬肉蓋飯或雞絲蓋飯。

各分店有期間限定的專屬口味拉麵，例如：Church分店的唐揚炸雞拉麵(Karaage Ramen)，吸引了拉麵愛好者逐家一一品嘗。

1.金豚拉麵時尚的外觀讓人誤以為是酒吧／**2.**入夜後的餐廳氣氛極佳／**3.**湯頭香濃的鹽味拉麵／**4.**日式炸雞分量不小

✉ 396 Church Street, Toronto, ON M5B 2A2 ☎ (647)348-8555 ⏰ 週日～四11:30～22:30，週五～六11:30～23:30 💲 約加幣$20～25 ➡ 搭乘地鐵#1在Dundas Station站下車，出站沿著Dundas Street East東行，過了Bond Street就在右手邊 🌐 www.kintonramen.com 🗺 P.45

像船長般吃得豪邁粗獷

Captain's Boil

走進任何一家Captain's Boil，你都會被以漁船的粗麻繩和漁燈等粗獷且現代的裝潢吸引。這家海鮮餐廳，融合了美國南方Cajun以及亞洲香料的調味，發展出自己獨特的海鮮料理吃法。

這裡的用餐方式十分獨特，海鮮烹煮後，裝盛在塑膠袋裡上桌，簡單且原始。不管是龍蝦、帝王蟹、青口、時下流行的小龍蝦等，應有盡有！選定了海鮮食材，再決定風味醬料，最後選擇辛辣程度，沒多久服務生就將一袋袋醬汁滿滿的塑膠袋捧上桌，讓食客大快朵頤。

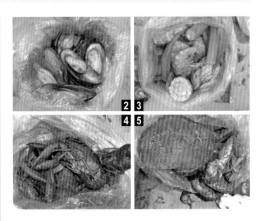

1.Captain's Boil招牌十分有個性／**2.**蒜味淡菜／**3.**蔬菜海鮮十分合拍／**4.**辣味小龍蝦／**5.**番茄黃金蟹的蟹肉肥厚鮮美

✉ 476 Yonge Street，Toronto，ON M4Y 1X5 ☎ (416)977-0999 ⏰ 週六～三11:30～21:00，週四～五11:30～22:00 💲 約加幣$25～30 ➡ 搭乘地面電車#506在Carlton Station上的Church Street站下車，沿著Church Street南行，過了McGill Street就在右手邊 🌐 www.thecaptainsboil.com 🗺 P.45

娛樂區
Entertainment District

(圖片來源：Tourism Toronto)

區域範圍

娛樂區位於多倫多商業區的西側，區域西起Spadina Street，東至University Avenue，北為Queen Street West，南達Gardiner Expressway。

交通對策

搭乘地鐵#1可達此區。若搭乘地面電車，#501、#502、#503、#504、#514亦可順利到達。

藍鳥隊受歡迎到已成為街名

此區域的名字「娛樂區」，最早是源自酒吧一條街Richmond Street West的夜夜笙歌；物換星移到現代，娛樂區早已成為多倫多人吃喝玩樂的重鎮，不再只是一條酒氣沖天的酒吧街。

鄰近安大略湖，且有鐵路經過，藉由陸路以及水路的便利交通運輸，本區在20世紀初是多倫多重要的工業重鎮。上世紀70年代，工業陸續退出，不少遺留下來的廠房被移作商業之用。1976

街頭大型娛樂景點的招牌

年國家電視塔(CN Tower)在此落成，成為當時世界最高尖塔，每年帶來大量的遊客。

自此之後，餐廳、酒吧開始進駐本區，多倫多市夜生活因此活絡起來。除了餐飲，各類戲院、表演藝術中心林立；加拿大人喜愛的運動聯盟隊伍的主場也集中於此。每當有藝文活動，或是賽事進行，街道熱鬧非凡，餐廳酒店一位難求。

遠處就能一眼認出藍鳥隊的藍白色隊徽

CN Tower與啤酒餐廳的水塔一爭高下

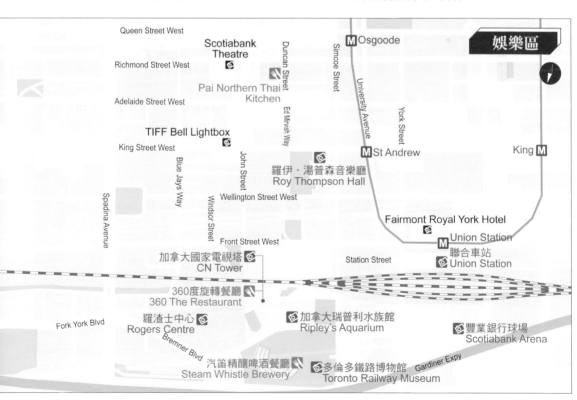

娛樂區

Queen Street West

Scotiabank Theatre

Richmond Street West

Duncan Street

Simcoe Street

M Osgoode

Pai Northern Thai Kitchen

Adelaide Street West

Ed Mirvish Way

University Avenue

York Street

TIFF Bell Lightbox

King Street West

Blue Jays Way

John Street

羅伊·湯普森音樂廳
Roy Thompson Hall

M St Andrew

King M

Wellington Street West

Spadina Avenue

Windsor Street

Front Street West

Fairmont Royal York Hotel

M Union Station
聯合車站
Union Station

加拿大國家電視塔
CN Tower

Station Street

360度旋轉餐廳
360 The Restaurant

Fork York Blvd

羅渣士中心
Rogers Centre

Bremner Blvd

加拿大瑞普利水族館
Ripley's Aquarium

豐業銀行球場
Scotiabank Arena

汽笛精釀啤酒餐廳
Steam Whistle Brewery

多倫多鐵路博物館
Toronto Railway Museum

Gardiner Expy

百年車站承載著加東繁忙交通

聯合車站
Union Station

海馬
老爸

聯合車站鄰近安大略湖，起造於1907年，在1927年落成並啟用，為一座新古典主義風格建築。正面以22根羅馬柱撐起，造型古典氣派，1975年被核定為加拿大國家古蹟，超過20部電影，如2016年的DC漫畫英雄電影《自殺突擊隊》(Suicide Squad) 等，曾在此拍攝。

TTC地鐵、路面電車、公車、VIA和GO兩路火車，以及前往多倫多皮爾森國際機場的機場快線UP都在此交會，每天有超過20萬人次進出，使聯合車站成為加拿大東岸最繁忙的交通輻輳中心。

雖然是重要的交通樞紐，聯合車站也是市民參加活動的好去處！站內寬闊的空間常舉辦靜態的攝影展、新銳藝術家繪畫等藝文展覽，動態的歌舞劇、小孩的音樂會更是經常性舉辦。站前廣場是夏季主題市集登場之處，美食節、跳蚤市場等均吸引市民熱烈參與。

✉ 65 Front Street West, Toronto, ON M5J 1C3 ☎ (888)842-7245 ➡ 搭乘#1地鐵，在Union Station站下車 🌐 torontounion.ca 🗺 P.55

1.火車站前的立鐘是舊時人們碰面的地標／**2.**挑高的車站內部散發古典氣息／**3.**車站前主題為Monument to Multiculturalism的雕像，象徵該城市豐富的多元文化／**4.**古典樣式的車站外，巨大明顯的車站名稱／**5.**車站外的市集／**6.**車站前市集小吃攤的各種口味烤馬鈴薯

 多倫多最著名的至高景點

加拿大國家電視塔
CN Tower

海馬老爸

多倫多最著名的標誌性建築。塔身細長呈火箭形狀，獨特的結構在多倫多市區多數地方都抬頭可見。CN塔的建造為當地電視台的頻率調播站，塔高553.33公尺，比台北101大樓還高，1976年落成後的34年間盤據世界最高的建築榜首。1995年，美國土木工程協會將CN塔列為現代世界7大奇觀，每年吸引超過200萬人次的旅客，堪稱加拿大東部最著名的觀光景點。

國家電視塔的參觀樓層分為主甲板和空中甲板。主要的瞭望台離地246公尺高，相當於113層樓，搭乘電梯從地面到觀景台僅需58秒。從觀景窗看出去，遠方的地平線略呈圓弧狀，安大略湖遼闊地橫躺在地面幾乎看不見彼岸，天氣晴朗時用望遠鏡可看見對岸的尼加拉瀑布。

從瞭望台往下走一層，可前往玻璃地板樓層試試膽量。1994年啟用，這是全世界最早的高塔透明地板，膽子較小的人光是用看的就腿軟。如果想體驗更刺激的活動，不妨登上447公尺高的空中甲板，甚至登上極限邊緣漫步（Edge Walk），身上僅綁一條安全繩索，走在沒有欄杆的空中貓道，360度凌空觀賞城市風景。

由於是高空觀光景點，國家電視塔的安檢特別嚴格。前往此景點觀光，建議提早15分鐘到達。

✉ 301 Front Street West, Toronto, ON M5V 2T6 ☎ (416)868-6937 🕐 週一～日09:00～22:00 休 無 💲 成人加幣$45，老年人加幣$32，兒童（6～13歲）加幣$32，幼童（3～5歲）加幣$16，3歲以下幼兒免費，另有多種套票可供選擇 ➡ 搭乘地鐵#1在Union Station站下車，出站沿著Front Street西行，在Lower Simcoe Street右轉 http www.cntower.ca MAP P.55

1.高塔1樓入口／**2.**CN Tower煙火秀（圖片來源：Tourism Toronto）／**3.**令人雙腿發軟的透明地板／**4.**自塔頂遠眺多倫多市／**5.**自塔頂俯瞰瞭渣士中心棒球場／**6.**高聳入雲的高塔已成為多倫多地標

加拿大瑞普利水族館
Ripley's Aquarium

瑞普利水族館緊鄰國家電視塔與羅渣士中心，占地廣大，號稱是全北美最大的水族館。館內畜養了超過450個種類、1萬6千隻水中生物，廣受成人和小孩的喜愛。自從2013年開幕以來，成為加拿大東岸家庭觀光景點第一名。

水族館依來自世界不同地區畜養的水族生物，一共規畫了10個主題生態區域，分布在兩層樓的空間內。最知名的區域有：

水母星球(Planet Jellies)

數十種大大小小的水母透著螢光在水中優游，最大的超過一個人高，最小的比釘子還小。

危險湖(Dangrous Lagoon)

有8萬噸加侖的水，是整個水族館最大的水族展示區。雖然有海龜、石斑、魟魚等超過5,000隻生物優游其中，但是3個品種、10多條面貌兇猛的鯊魚才是這裡的主角。

水底隧道(Underwater Tunnel)

長達96公尺的水底隧道，堪稱北美水族館中最長的。站在緩慢移動的輸送帶蜿蜒前進，危險湖的鯊魚從身邊滑過，海龜飄過隧道屋頂，遊客莫不驚聲尖叫，興奮指數破錶。

魟魚灣(Ray Bay)

一層樓高的水缸讓魟魚得以優游自在地翻轉迴游。透過玻璃，近距離觀賞魟魚，欣賞3種不同品種的魟魚拍打著寬扁的「翅膀」滑過眼前。

彩虹礁岩區(Rainbow Reef)

還原印度－太平洋淺海地帶的模樣，這一區充滿鮮豔的色彩以及活力的脈動，不只是多彩

散發螢光色彩的水母星球區

的珊瑚群，形狀百變的海葵，更有著上千繽紛熱帶魚的竄游，熱鬧非凡。

發現中心(Discover Centre)

這裡的長形桌台模擬淺礁區的生態，小朋友可以在這裡觸摸海星和潮間螃蟹，觀看尼莫小丑魚在礁石間快速穿梭的模樣。

加拿大水域
(Great Lakes, Canadian Waters)

在這裡你可以觀賞到全加拿大境內淡水河流、湖泊的各種野生生物。五大湖區的生物尤其精采，占全球淡水生物種類的1/5。

建議參觀動線：從1樓的加拿大水域開始，接著環太平洋帶，然後往下到地下層的危險湖、發現中心、魟魚灣、水母星球，從禮品中心離開。如果肚子餓了，水族館地下1樓的餐廳提供熱狗、披薩、咖啡等熱食，填飽肚子後繼續參觀魚。

平常上學日有許多學校的校外教學前來參觀水族館，館內充斥大量鬧哄哄的學生。若要與校外教學錯開，享有更好的參觀品質，建議避開週一到週五下午2點以後的時段。

1.水族館前的廣場也是遊客休憩的好去處／2.彩虹礁岩區／3~4.96公尺的水底隧道

✉ 288 Bremner Blvd, Toronto, ON M5V 3L9 ☎ (647)351-3474 ⏰ 夏季：週一～日09:00～23:00；其他季節：週一～日09:00～21:00 💲 成人加幣$44，老年、青少年加幣$29，兒童加幣$12.5，3歲以下幼兒免費 ➡ 搭乘地鐵#1在Union Station站下車，出站沿著Front Street西行，在Lower Simcoe Street右轉 http www.ripleyaquariums.com MAP P.55

◎ 3個球隊的主場

豐業銀行球場
Scotiabank Arena

原名為加拿大航空中心，2018年以其新入主的銀行名稱易名為豐業銀行球場。這球場作為多倫多3個球隊的主場：多倫多楓葉隊(Maple Leafs)、多倫多暴龍(Raptors)、多倫多岩石隊(Rock)，橫跨了NBA(美國職業籃球賽)、NHL(國家冰上曲棍球聯盟)、NLL(國家往棍球聯盟)3種球類隊伍的主場。球場擁有近2萬個座位，除了3種球類賽事輪流登場，這球場也是舉辦各種演唱會的熱門場地。

球場外的
球隊地標

✉ 40 Bay Street, Toronto, ON M5J 2X2 ☎ (416)815-5500 ⏰ 依賽事場次，平日不對外開放 ➡ 搭乘地鐵#1在Union Station站下車，出站沿著Bay Street南行 http www.scotiabankarena.com MAP P.55

NBA籃球賽事

冰上曲棍球賽事

藍鳥隊的主場

羅渣士中心
Rogers Centre

 海馬老爸

MBL球迷請注意！多倫多藍鳥隊(Blue Jays)的擁有者Rogers Communications公司在2005年以加幣2.5千萬買下這個球場，從此成為藍鳥隊的主場。球場擁有5萬2千個座位，是全球第一個屋頂可完全開啟的球場。除了棒球球賽，羅渣士中心也是多倫多市民觀看大型演唱會、怪獸卡車競賽、冰上歌舞秀的場地。如果想踏上球場的投手丘，不妨報名球場導覽行程，1個小時的導覽讓你深入球場的每個角落。

報名球場導覽行程

羅渣士中心導覽Rogers Centre Tour Experience
日期：每年5～9月
票價：成人加幣$14.16，青少年和老年加幣$10.64，
　　　5～11歲孩童加幣$8.75
解說語言：英文
購票地點：1樓東南側5號門附近的Jays Shop
諮詢方式：寫信至tours@bluejays.com，或打電話
　　　　　+1 416-341-2770

✉ 1 Blue Jays Way, Toronto, ON M5V 1J1 ☎ (416)341-1000 ⏰ 依賽事場次，平日不對外開放 🚌 搭乘地面店車#310、#510在Spadina Avenue上的Bremner Blvd站下車 🌐 www.mlb.com/bluejays 🗺 P.55

1.排隊入場的球迷(圖片來源：Tourism Toronto)／2.從球場抬頭可見CN Tower(圖片來源：Jerome Sung)／3.每到球季開始，場場球賽座無虛席(圖片來源：Jerome Sung)／4.球場外牆逗趣的雕塑《Audience》呈現球迷看球的瘋狂舉動

鐵道迷不可錯過的扇形車庫

多倫多鐵路博物館
Toronto Railway Museum

多倫多扇形車庫公園(Roundhouse Park)建立於1997年，包含露天公園以及室內博物館。露天公園蒐集了1917年以來加拿大國家鐵路以及加拿大太平洋鐵路公司的老火車，12部火車在鐵軌上比肩而立，免費對外開放。遊客可以近距離欣賞舊時各種形式以及樣貌的火車，了解火車的演進歷史。

室內博物館對外收費，陳列了上個世紀中葉多款火車頭以及鐵路相關文物。博物館內一座小型的鐵路完成於2010年，以4節迷你火車，每節可載客4人，短短半公里的路程不僅是小孩，連大人都瘋狂愛上！

最受小朋友歡迎的迷你火車

俯瞰扇形車庫公園以及博物館

✉ 255 Bremner Blvd, Toronto, ON M5V 3M9 ☎ (416)214-9229 🕐 週三～日12:00～17:00 ⊗ 週一～二 💲 成人加幣$14，老年人加幣$10，學生(17歲以上)加幣$8，兒童(4～16歲)加幣$3，4歲以下幼兒免費 ➡ 搭乘地鐵#1在Union Station站下車，出站沿著Front Street西行，在Lower Simcoe Stree右轉，前行到Bremner Blvd右轉 🌐 torontorailwaymuseum.com 🗺 P.55

 多倫多交響樂團的家

羅伊‧湯普森音樂廳
Roy Thompson Hall

這棟黑色玻璃帷幕的圓形建築在多倫多顯得鶴立雞群，就像一個玻璃巨碗倒扣在地面上，背後襯著高聳的CN塔，將多倫多樣貌多元的建築風格做了最好的詮釋。

開幕於1982年，名字來自多倫多出版業鉅子，擁有2,600個座位的羅伊‧湯普森音樂廳終年音樂表演不間斷，是多市重要的音樂表演中心，更是多倫多交響樂團(TSO, Toronto Symphony Orchestra)的所在地。

除了音樂表演，音樂廳的奇特外觀也曾吸引電影公司前來取景。《X戰警第一集》便是看上音樂廳未來感的造型而在此拍攝。

音樂廳造型如同星際大戰裡黑武士的頭盔

✉ 60 Simcoe Street, Toronto, ON M5J 2H5 ☎ (416)872-4255 🕐 週一～五10:00～16:00 ⊗ 週六～日 ➡ 搭乘地鐵#1在St Andrew站下車 🌐 www.roythomsonhall.com 🗺 P.55

座無虛席的泰式風味菜

Pai Northern Thai Kitchen

這是多倫多泰國料理主廚Chef Nuit的第三家泰國餐廳。半開放式的廚房模仿泰國傳統市集，木製餐桌順排在寬敞的用餐區，座椅上擺放來自泰國的印花椅墊，在此用餐非常有路邊攤隨興的氛圍。

略帶工業風的外表，看不出這是一家人氣泰國餐廳

雖然以泰國路邊大排檔的餐飲風格為主，但是年輕主廚以創新的手法，將西式料理技巧性地無縫融入。不論是烤牛肉沙拉、冬蔭功海鮮湯等都是酸辣兼具，濃濃的香料味衝鼻。

輕鬆的用餐環境、道地的泰式料理，即便餐廳座位多達80個且位於較不顯眼的地下室，Pai總是經常滿座，一位難求。

✉ 18 Duncan Street，Toronto，ON M5H 3G8 ☎ (416) 901-4724 ⏰ 週一16:00～21:30，週二～四12:00～21:30，週五～六12:00～22:00，週日12:00～21:30 💲 約加幣\$25～50 ➡ 搭乘地鐵#1在Andrew Station站下車，沿著King Street W西行，在Duncan Street右轉，經過Pearl Street即到達 http www.paitoronto.com MAP P.55

咖哩烤雞肉串十分軟嫩多汁

擺盤有新意的泰式咖哩麵

歷史古蹟裡的精釀啤酒

汽笛精釀啤酒餐廳
Steam Whistle Brewery

緊鄰著鐵路博物館，兩層樓磚造建築原為建於1929年的舊火車機場，於1988年改建為啤酒廠。走入餐廳便可感受舊建築的內部挑高寬敞，啤酒吧台以及用餐區後方便是釀酒工廠。每當

附近球場的賽事結束，可看到穿著球衣的球迷前來，以啤酒慶祝支持的球隊贏球，或是藉酒消彌輸球情緒。

啤酒餐廳外觀

除了酒廠每個月為當地獨立音樂人所舉辦的音樂會(Steam Whistle Unsigned)，每年夏天的扇形火車站啤酒節，以及冬天的德國啤酒節都在此舉辦。

若想深入了解釀酒廠及老車站的歷史，可參加餐廳舉辦為時30分鐘的導覽。

高大通透的用餐空間

✉ 255 Bremner Blvd, Toronto, ON M5V 3M9 ☎ (416)362-2337 ⏰ 週一～日12:00～20:00 💲 約加幣\$20～30 ➡ 搭乘地鐵#1在Union Station站下車，出站沿著Front Street西行，在Lower Simcoe Street右轉，前行到Bremner Blvd右轉 http steamwhistle.ca MAP P.55

360度旋轉餐廳
360 The Restaurant at the CN Tower

海馬
老爸

位於CN塔觀景台的上一層，高度離地351公尺(1,151英呎)，是多倫多及加拿大東岸海拔最高的餐廳。因為可以從制高點俯瞰大多倫多地區，尤其是黃昏時夕陽漫天，入夜後城市燈光繁星點點，吸引眾多情侶、夫妻前來用餐，因此也被稱為多倫多最浪漫的餐廳。

餐廳名稱來自於360度的景觀視野，更妙的是用餐區的地板也設計成360度旋轉，自轉一圈需時72分鐘。種種景觀，諸如安大略湖上的群島、城市的玻璃帷幕大樓群、如蜘蛛網的公路由近至遠，不必更換座位就可以把多倫多四周的美景盡收眼底。

除了享用加拿大草原地區的國產牛排、加東新鮮的海鮮料理，美酒也是該餐廳自豪之處。餐廳的空中酒窖藏有超過550款，9,000瓶葡萄酒，被金氏世界紀錄認定是「全世界最高的酒窖」。

✉ 290 Bremner Blvd，Toronto，ON M5V 3L9 ☎ (416)362-5411 🕐 週一～日午餐11:30～22:00 💲 約加幣$50～80 ➡ 搭乘地鐵#1在Union Station站下車，出站沿著Front Street西行，在Lower Simcoe Street右轉 http www.cntower.ca/en-ca/360-restaurant/overview.html MAP P.55

溫馨提醒

● 前來此餐廳用餐，可免購買CN Tower的門票。

● 用餐有低消限制：成人加幣$75，4～12歲孩童加幣$40。低消內已包含用餐後前往CN Tower瞭望台和玻璃地板樓層的費用。

● CN Tower極為熱門，若欲前往360度旋轉餐廳用餐，建議提前抵達CN Tower，並預留15～20分鐘排隊搭乘電梯的時間。

1.旋轉餐廳視野極佳的座位區／2.咬開蟹肉球，海味滿滿／3.透過餐廳窗戶可欣賞多倫多壯麗的城市與湖泊景致

金融區
Financial District

金融區位於多倫多市中心的心臟，區域西起University Avenue，東至Yonge Street，北為Queen Street West，南達Front Street。

交通
對策

搭乘地鐵#1可達此區。若搭乘地面電車，#501、#502、#504、#301、#304亦可到達此區。

1960 年代起，玻璃帷幕的摩天大樓在此區如雨後春筍般興起，成為安大略省以及加拿大全國的商業中心。多倫多證券交易中心、金融保險公司、各大企業總部，以及加拿大五大銀行的總行皆坐落於此，南北貫穿的卑街(Bay Street)更有「加拿大華爾街」之稱。

造型特異的玻璃帷幕摩天大樓、熙來攘往的車陣、匆忙來去的

人群……多倫多具有足以媲美紐約、芝加哥等國際大都會的氛圍，對外來遊客來說有種說不出的魅力。路面的高樓櫛比鱗次，地面下的商業也不遑多讓。知名的地下通道PATH絕大部分位於此區域之內，如迷宮般的地道串聯重要的商圈以及店家，成為一個綿密的地下商業網絡。

　　預估每天有超過10萬上班族進入金融區工作。除了地鐵、公車以及地面電車，位於本區南側的聯合車站，是鄰近地區搭乘火車通勤的交通樞紐。

1.雕塑《Out Game》是冰球名人堂外的公共藝術／2.從卑街望向舊市府大樓／3.辦公大樓中庭的牛群公共藝術《The Pasture》／4.逗趣的餐廳壁畫／5.名為《Megaptera》的公共藝術，呈現一母一子鯨魚／6.卑街的往來人群

5

6

金融區

Osgoode M

Queen

Queen Street West M

York Street

Bay Street

Richmond Street West

Yonge Street

Richmond Station

Dineen Coffee Co.

Adelaide Street West

Cactus Club Café

卑街
Bay Street

Victoria Street

Simcoe Street

Earls Kitchen+Bar

St Andrew M

King Street West M King

University Avenue

Canoe

Bay Street

Wellington Street West

York Street

Brookfield Place

冰上曲棍球名人堂
Hockey Hall of Fame

Yonge Street

Fairmont Royal York

M Union Station

Front Street West

卑街
Bay Street

卑街是多倫多市中心一條南北向的街道，Front Street至Queen Street之間街區被稱為加拿大的華爾街。多倫多在上個世紀70年

（圖片來源：Tourism Toronto）

代取代蒙特婁成為加拿大金融中心後，全國五大銀行的大樓陸續齊聚在卑街與國王街的路口，沒多久卑街躍上國際舞臺，成為僅次於紐約與芝加

摩天大樓齊聚的卑街天空

哥，北美第三大金融中心。街道兩旁盡是高聳入雲的玻璃帷幕辦公大樓，往來上班族西裝革履，鄰近商圈購物中心、高級飯店、餐廳林立，是多倫多高端消費的蛋黃區。

入夜後燈火輝煌的金融區街景（圖片來源：Tourism Toront）

✉ 301 Front Street West, Toronto, ON M5V 2T6 ☎ (416)362-5411 ➡ 搭乘地鐵#1在Union Station站下車，出站沿著Front Street西行，在Lower Simcoe Street右轉 http www.baystreetcommunications.com MAP P.65

神殿般的中庭走廊

海馬老爸

Brookfield Place

這裡是一新興的金融與商業複合式商圈，由兩座1990年代落成的高樓組成：BMO的Bay Wellington Tower以及TD Canada Trust Tower。大廈間由Allen Lambert Galleria所連結，為一6層樓高的玻璃屋中庭走廊。由西班牙建築師Santiago Calatrava設計，弧形的鋼骨支架兩兩交疊，光線自玻璃天花板折射而入，構築出教堂般的神聖空間。一棟3層樓的加拿大皇家銀行的古建築靜靜佇立步道旁，歷史滄桑感和摩登時尚空間相映成趣。

這裡同時也是市中心用餐的好去處，地下1樓小吃街群聚了十多家餐廳，日式主題餐廳Ki與創意料理Marche餐廳位於1樓。

如光之神殿的挑高走廊

✉ 181 Bay Street, Toronto, ON M5J 2T3 ☎ (416)777-6480 🕐 週一～五09:00～18:00 休 週六～日 💲 免費 ➡ 搭乘地鐵#1在Union Station站下車 http www.brookfieldplacenewsandevents.com MAP P.65

 全世界最大的地下城

PATH

如果不想在街上颳風下雨的時候逛街，那就鑽進PATH地下城吧！

PATH是位於多倫多地面下的行人街道，總長30公里。根據金氏世界紀錄，PATH擁有近38萬平方公尺的街區，是全世界最大的地下商業區域。

這個地下城市通道起源於1900年，但是快速發展卻是在1970年代。當時為了城市的發展，老舊建築大多被推倒，矗立起一座座嶄新的摩天大樓，原有的店鋪只好轉入地下，市集逐漸叢生。而後續的新建大樓也同意這樣的變革，只要有新建案動工，必定保留地下通道相互串聯。

目前PATH連通5個地鐵站、50多棟建築，每天有超過20萬人進出、通勤或購物。連結的

1.循著PATH可通往伊頓購物中心／**2.**摩登的地下街道商店櫥窗／**3.**PATH路上詳細的指路標示／**4.**串起多倫多廣大的地下商店區塊

街區南起安大略湖畔的Waterpark Place，北至Dundas Street上的Toronto Coach Terminal；主要的步行街道約莫在Yonge Street以及University Avenue之間。除了零售商圈，PATH更通達飯店、交通轉運站、體育館、藝文中心和著名景點。即便時至今日，PATH的範圍仍然持續擴大，街道的觸角繼續向外延伸。

唯一得注意的是，可別在PATH裡迷了路。雖然市政府已經將PATH的指標統一化，但多達60多個分岔點的街道其實也是迷宮的一部分。建議出發前先上網找出前往的路線，或是將地圖拿在手裡，以免在街海裡分不清東西南北，掃了遊興。

http PATH地圖下載：torontopath.com/path-map

冰上曲棍球名人堂
Hockey Hall of Fame

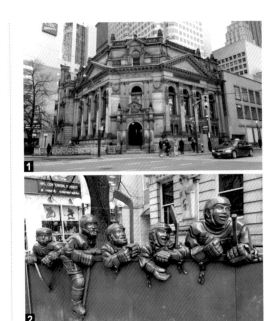

經過Front Street和Yonge Street的路口，會看到一組銅雕塑像：幾位年輕的冰上曲棍球球員倚著欄杆，有的神情專注，有的躍躍欲試，個個心系賽事，隨時準備提棍上場。這是當地藝術家Edie Parker的作品《Our Game》，創作靈感來自1970年代某雜誌廣告。位於冰上曲棍球名人堂外牆，是多倫多最知名的雕塑之一。

冰上曲棍球名人堂成立於1943年，位於Brookfield Place大樓內，是一座曲棍球賽的殿堂。館內分為15個展區，貝爾廳(Bell Great Hall)展出歷年國家冰上曲棍球聯盟(NHL)，以及最高榮耀的史丹利杯(Stanley Cup)相關的獲獎紀錄。名人堂當然少不了加拿大冰上曲棍球名將的介紹，運動員的英姿和用過的頭盔、球杆、球衣、護具等都完整保存。館藏的種類和數量之豐富，已是博物館等級的展覽館。

除了靜態展覽，館裡兩座劇場輪流播放冰上曲棍球的發展歷史，以及各種球賽互動遊戲，讓遊客體驗球賽的緊張刺激。走一趟冰上曲棍球名人堂，就不難理解加拿大為何聲稱冰上曲棍球是該國國球，對此運動如此狂熱了。

名人堂距離冰上曲棍球的主場楓葉銀行球場不遠，約莫10分鐘的步行距離。在名人堂瀏覽完加拿大冰上曲棍球的光輝歷史，再步行前往楓葉銀行球場欣賞球賽，該是最能深入加拿大運動文化的方式。

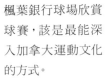

1.冰球名人堂的建築本身就是古蹟／2.雕像的選手個個摩拳擦掌，表情栩栩如生／3.真人大小的冰球球員銅雕／4、5.名人堂裡展示加拿大重要的曲棍球選手以及其球衣和用品

30 Yonge Street，Toronto，ON M5E 1X8　(416)360-7765　夏季(6/26～9/4)、聖誕節和春假：每天10:00～18:00，秋冬春季：每天10:00～17:00(開放時間依季節不同，請至官網查詢)　11月Induction Day，聖誕節和元旦　成人加幣$25，老年人加幣$20，青少年及孩童加幣$15，3歲以下幼兒免費　搭乘地鐵#1在Union Station站下車，出站沿著Front Street東行，名人堂在Yonge Street路口的Brookfield Place大樓內　www.hhof.com　P.65

從產地到餐桌的得獎名店

Richmond Station

這家標榜「從農場到餐桌」的餐館自2012年開張就受到大眾的矚目，餐廳創辦人之一是當年甫獲加拿大烹飪大賽(Top Chef)的年輕廚師Carl Heinrich。餐廳維持冠軍主廚的理念，即便

左：餐廳並不寬敞／右：餐廳內部座位為長桌形式

在多倫多市中心餐廳多如毛牛的競爭下，仍然受到食客的追捧，2015年得到多倫多十大餐廳的殊榮。

廚師融合了中西式料理手法，客人不但可以吃到中歐的餃子，更可以吃到北京烤鴨。招牌生煎干貝與人氣前菜羊肩肉餅是不可錯過的美食，但如果想試試主廚的新創意，注意店內黑板上的「每日特選料理」準沒錯。

每一道菜的用料和擺盤都很特殊

✉ 1 Richmond Street West, Toronto, ON M5H 3W4 ☎ (647)748-1444 🕐 週一～四16:30～22:30，週五～日15:30～22:30 💲 約加幣$40～60 ➡ 搭乘地鐵#1在Queen站下車 🌐 richmondstation.ca 🗺 P.65

1.強烈設計感的圓形吊燈是店裡的特色／2.抹茶戚風蛋糕帶點日本風味／3.十分法國氣息的Dineen Coffee戶外用餐

 轉角的絕美咖啡館

Dineen Coffee Co.

位於Yonge Street車水馬龍的街上，煩囂一點也沒減損Dineen Coffee的優雅。咖啡館建於1897年，原屬帽子與皮毛製造商Dineen Co.,是棟優雅的文藝復興風格建築。如今的咖啡館以黑框的大落地玻璃窗與街區隔開，室內挑高通透，拼花地板搭配深色木質吧檯，一只巨大圓盤吊燈投射出柔和燈光，整個空間頗有六星級飯店的氣質。在窗邊手持咖啡一杯，搭配外酥內軟的杏仁片餅乾，這是欣賞多倫多鬧區最優雅的方式。

✉ 140 Yonge Street, Toronto, ON M5C 1X6 ☎ (416)900-0952 🕐 週一～五07:30～17:00，週六～日08:30～16:30 🈚 無 💲 約加幣$5～15 ➡ 搭乘地鐵#1在Queen站下車，出站沿著Yonge Street南行，咖啡館在Temperance Street轉角 🌐 www.dineencoffee.com 🗺 P.65

老街區
Old Town

區域範圍

位於多倫多市中心的東側，老街區北邊為Queen Street，西側為Church Street，東至Parliament Street，南至Front Street。

交通對策

地面電車#504、#506、#514以及公車#65、#121路線皆可到達本區。

1

自商業區向東，一直到Parliament Street，這個區域是多倫多的發源地。18世紀末約克鎮(Town of York)在此成立，200多年來，老街區一直是當地人逛街採買、上教堂做禮拜、上館子吃飯的生活區域。

以Front Street、George Street、Adelaide Street以及Berkeley Street這4條街圍起來約10條街的街區，在1793年時是約克鎮的政府所在地。街上隨處可見2～3層樓的維多利亞式老房子，此區號稱是全加拿大保存最多19世紀建築的地區。多倫多第一間郵局、上加拿大銀行(Bank of Upper Canada Building)、聖約各主教座堂都位於此。除了古意盎然的民宅，鐘塔高聳入天

2

的教堂，聖羅倫斯市場是本區最具人氣的庶民市集。

與老城區一街之隔的古釀酒區則是老工業區翻新，成為文創商業區的典範。平日遊客絡繹不絕；到了假日節慶，各種活動將老建築妝點得繽紛熱鬧，往來人潮擠得水洩不通。

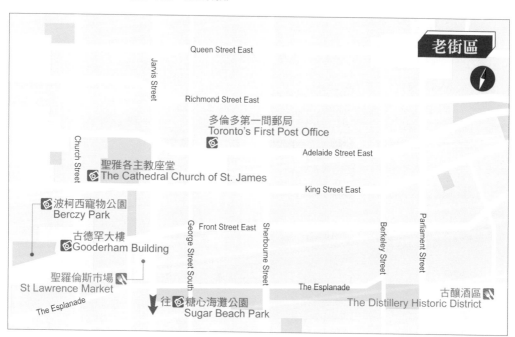

1. 古釀酒區裡1895年的消防局水泵房／**2.** 聖羅倫斯市場的跳蚤市場裡藏有稀珍的好貨／**3.** 聖羅倫斯市場／**4.** 聖雅各主教座堂的青銅尖塔／**5.** 安大略湖邊的糖廠，內有一糖業博物館

老街區

Queen Street East

Jarvis Street

Richmond Street East

多倫多第一間郵局
Toronto's First Post Office

Church Street

Adelaide Street East

聖雅各主教座堂
The Cathedral Church of St. James

King Street East

波柯西寵物公園
Berczy Park

古德罕大樓
Gooderham Building

George Street South

Front Street East

Sherbourne Street

Berkeley Street

Parliament Street

聖羅倫斯市場
St Lawrence Market

The Esplanade

The Esplanade

往 糖心海灘公園
Sugar Beach Park

古釀酒區
The Distillery Historic District

聖雅各主教座堂
The Cathedral Church of St. James

聖雅各主教座堂是多倫多歷史最悠久的教堂。1793年「上加拿大」以多倫多為首都,當時的副總督選擇這片土地作為禮拜堂的地點。歷經

數次的火災及重建,目前哥德建築風格的教堂是重建於1853年,以當地的磚瓦及來自美國俄亥俄州的石塊所建成,是當時市內最大的建築。

巍峨的鐘樓、青銅尖塔以及宏偉的門廊,是不可多得的藝術作品。教堂東方的聖雅各公園有著維多利亞式的涼亭以及噴泉,景色優美,經常被新人當作婚紗攝影的場地。

教堂內耀眼的黃金老鷹

莊嚴肅穆的教堂內部

✉ 106 King Street East, Toronto, ON M5C 2E9 ☎ (416)364-7865 ⏰ 週一～五10:00～15:00,週日08:00～18:00 ❌ 週六 💲 免費 ➡ 搭乘地面電車#304、#503、#504、#514在Church Street上的King Street East站下車 🌐 stjamescathedral.ca 🗺 P.71

糖心海灘公園
Sugar Beach Park

取名為糖心海灘,一方面是鄰近多倫多著名的糖廠博物館(Redpath Sugar Refinery Museum),另一方面是因沙灘上豎立了十數隻淺粉紅的遮陽傘,十分少女心。原本是港邊的停車場,市政府費心搬入大量的細砂,鋪成兒童戲水噴水

池,大理岩石造景,讓原本生硬的湖濱海景變身為夢幻的休閒沙灘。2011年落成後,獲得不少公共空間評選以及建築大賞。除了夏季是市民的避暑勝地,可以前來看湖、玩砂、閱讀、戲水,糖心海灘公園也是舉辦音樂演唱會的熱門地點。

夏季沙灘邊的噴泉是小孩的戲水天堂(圖片來源:Tourism Toronto)

少女心陽傘的沙灘(圖片來源:Jerome Sung)

✉ 11 Dockside Drive, Toronto, ON M5A 1B6 ☎ (416)338-4386 ⏰ 週一～日 ❌ 無 💲 免費 ➡ 搭乘公車#6、#72在Lower Jarvis Street上的Queens Quay East站下車 🌐 bit.ly/2FLKK67 🗺 P.71

波柯西寵物公園與古德罕大樓
Berczy Park and Gooderham Building

波柯西公園中央的噴水池為正圓形，直徑約20公尺，27隻身形大小不一，品種多樣的狗狗環繞著噴水池，有志一同地望向半空中的金骨頭，水柱從口中激射而出，高高低低落入水池中。

公園西側的古德罕起建於1891年，為當時的釀酒富商喬治古德罕所建，作為該家族的釀酒

磚紅色熨斗狹長形建築，在市中心識別度頗高

事業辦公室。暗紅磚色外觀，樓高5層，獨特的楔形建築風格如同熨斗，

所有的犬隻都望向噴泉頂端的骨頭

在繁華的多倫多金融區顯得特立獨群。

建築東側的壁畫《The Flatiron Mural》是加拿大著名畫家Derek Michael Besant的作品，4層樓高的畫作模仿一幅掛在牆上的布幕，畫面立體生動仿真。

> ✉ 49, Wellington Street East, Toronto, ON M5E 1C9
> ☎ (416)392-1975 ◷ 公園全年開放，古德罕大廈不對外開放，只能欣賞外觀 休 無 $ 免費 ➡ 搭乘地鐵在Union Station下車，出站後沿著Front Street東行至Scott Street。或搭公車#121在Front Street上的Scott Station MAP P.71

多倫多第一間郵局
Toronto's First Post Office

西元1833年，當多倫多的前身約克市還沒出現，這棟建築就以Forth York Post Office的名字提供郵務的功能。100多年來，隨著多倫多市的城市興起，這建築曾多次扮演不同的角色：羅馬天主教男子學校以及冷凍食品倉庫等等。輾轉經過數個商人之手，最後終於在

郵局仍保留19世紀中葉的外觀
(圖片來源：Ronnie Tsao)

1980年被加拿大政府認定是國家歷史古蹟。

這棟4層樓的磚造房屋是多倫多僅存以郵局為目的所建，目前一部分作為博物館，展示近200年來的郵政歷史。另一部分仍維持郵局功能，即便郵務設備老舊，繼續承擔百多年前被賦予的使命。

郵局內部雖然老舊，仍維持正常郵務運作(圖片來源：Ronnie Tsao)

> ✉ 260 Adelaide Street East, Toronto, ON M5A 1N1
> ☎ (416)865-1833 ◷ 週一～五09:00～17:30，週六10:00～16:00，週日12:00～16:00 $ 門票自由樂捐，建議捐獻加幣$2 ➡ 搭乘地面電車#504在George Street上的Adelaide Street站下車 http www.townofyork.com MAP P.71

海馬
老爸

聖羅倫斯市場
St Lawrence Market

落成於1803年，聖羅倫斯市場已有超過200年的歷史，2012年被國家地理雜誌評為全世界美食市集第一名。以The Esplanade街隔開，市場分為北棟和南棟兩幢建築。

南棟市場平日不開放，週末才開張。週六是每週一次的農夫市集，1803年以來便維持這個傳統，百多年來從未變更過。半個足球場大的市場排滿花花綠綠的蔬果攤；乳類製品、果醬醃漬罐頭、手工烘焙麵包、花卉等攤位更是主婦們的最愛。

週日當天，北棟搖身一變成為擁有80多個攤位的古董交易市場。任何物品只要是和「舊」沾上一點邊，都會出現在這市集裡。從中國古老的玉器和銅器、發黃的日本浮世繪、各種模樣的老式相機、上個世紀各個年代的可口可樂瓶、私人老照片、歐洲中古世紀的舊盔甲、各國錢幣、黑

膠老唱片，讓尋寶人沉迷不已。

如果你是個吃貨，聖羅倫斯市場的南棟市集絕對是你的天堂。不論從哪個門走進市場，各種香料、烹煮燒炙食物的味道、隱約吆喝的人聲響徹在挑高10公尺的空間；120家食肆、生鮮肉鋪、熟食、糕餅、雜貨店肩並肩和諧共處。

市場樓分3層，2樓是由市政府經營的藝術空間Market Gallery；1樓(upper level)中央區域為肉鋪和海鮮攤，蔬果店、餐廳和烘焙店散落四周；地下樓(lower level)則是餐館與雜貨店的組合。

93 Front Street East, Toronto, ON M5E 1C3 ☎ (416)392-7219 ⏰ 週二～四09:00～19:00，週六07:00～17:00，週日10:00～17:00 休 週一、復活節、聖誕節、節禮日、元旦 $ 免費 ➡ 搭乘巴士#121在Market Street上的The Esplanade站下車 http www.stlawrencemarket.com MAP P.71

1.市集裡人來人往，用餐時段更為擁擠／2.聖羅倫斯市場的磚造建築已經超過100年／3.來自海洋三省的龍蝦，價廉且新鮮／4.多倫多人支持當地小農，農夫市集已成為例行購物的一部分／5.古董市集位於聖羅倫斯市場南棟／6.任何東西都可能出現在古董二手市集／7.市場入口處的歷史回顧牆／8.有多種口味的奶油塔是源自加拿大的甜點

聖羅倫斯市場必吃5大美食

Carousel Bakery 的醃肉三明治

這家位於市場右側入口處不遠的烘焙坊販賣琳瑯滿目的麵包和湯品，望之令人食指大動，但最聞名遐邇的還是醃肉三明治(Peameal Bacon on a Bun)，不但是聖羅倫斯市場美食代表第一名，甚至成為多倫多庶民小吃的代表。豬肉片以鹽巴和醬料醃製，再以玉米、豌豆粉包裹炸到外酥內嫩，夾入圓形麵包。外表看似平凡無奇，入口卻是鹹淡適中、清爽不油膩，前來此攤的顧客幾乎人手一份，幾無例外。

拜訪聖羅倫斯市場絕不能錯過Carousel Bakery的醃肉三明治

Buster's Sea Cove 的海鮮濃湯、炸魚

船錨的標誌招牌邊的用餐區雖然十分寬敞，但是仍然經常滿座，等候買餐的隊伍從沒斷過。海鮮濃湯和英式薯片炸魚餐是人氣商品；如果你有時間，不妨加點一份烤花枝和手工蟹肉餅，一次把海味吃個夠。

http www.facebook.com/busterssseacove

即便Buster's海鮮餐廳位於市場的最深處，老饕們總是輕鬆地找到它

Currasco of St. Lawrence 的葡式小吃

這家黃藍白三色小屋位於市場的1樓，提供道地的葡萄牙餐點。葡式烤雞特有的辣式醬料極為入味，最適合搭配玉米麵包。風行台灣一時的葡式蛋塔是該店的主要招牌，外層酥脆，內餡奶香四溢，比起市場內其他家販售加拿大傳統甜點奶油塔，更具異國風味。

正統的葡式蛋塔
內餡奶香濃郁

▶以藍色彩繪磁磚書寫店名，Currasco攤位的招牌散發著濃厚的葡萄牙風格

Uno Mustachio 的茄子漢堡

這是一家義大利的快餐店，位於地下1樓樓梯的轉角處，店鋪上方白綠紅三色的菜單十分義大利。茄子漢堡是人氣商品，口味十分特殊：以雞肉、牛肝和茄子為內餡，抹上大量自製番茄醬。大口咬下去，烤茄子的口感與味道濃烈，多重風味有別於以肉排為主的美式漢堡。

http unomustachio.com

著名的茄子漢堡

The Stonemill Bakehouse 的現烤麵包

位於地下樓的麵包店已經在聖羅倫斯市場開業15年，主廚Don更是有超過35年的烘焙資歷。每天提供40多種的新鮮現烤麵包，成堆的麵包堆滿店內的5個麵包貨架，不少明星、餐廳主廚都是忠實主顧。建議不要週六前往，水洩不通的結帳隊伍讓麵包在中午以前就被搶購一空。

http stonemillbakehouse.com

Stonemill Bakehouse
的麵包種類令人眼花撩亂

釀酒老區的文青新生命

古釀酒區
The Distillery Historic District

古釀酒廠區位於多倫多市中心東南方，是目前北美保存最完整的維多利亞式建築的工業區。酒廠落成於1832年，原名為Gooderham and Worts，19世紀的60年代是全盛時期，榮登當代全球最大的釀酒廠，每年生產超過200萬加侖的烈酒，銷往世界各地。

❈酒廠轉變為文青產業聚集地

第一次世界大戰後，因為各國禁酒令興起，酒廠的生意一落千丈，終於在20世紀的90年代停止釀酒。沒多久酒廠區域被私人企業收購，改頭換面後於2003年開放，成為多倫多最大的文化藝術中心，更成為國家遺產保護區。

上個世紀飄著啤酒、威士忌等各種酒香的釀酒廠房，如今被酒吧、餐廳、藝廊、巧克力店、咖啡館取代。入夏後，古釀酒區成為各種集會、音樂會等活動的聚集地；新人們在此拍攝婚紗，紅磚襯托著白紗，浪漫度破表。獨特的氛圍，吸引好萊塢電影公司的注意，超過80部各式電視影集或電影曾在此地取景。

✉ 55 Mill Street, Toronto, ON M5A 3C4 ☎ (416)364-1177 🕐 週一～四10:00～18:00，週五～六10:00～20:00，週日11:00～18:00，國定假日12:00～17:00 休 元旦 💲 免費 ➡ 搭乘巴士#121在Trinity Street上的Miller Street站下車 🔗 www.thedistillerydistrict.com 🗺 P.71

1. 廣場上的釀酒器具雕塑／**2.** 散發思古幽情的古釀酒區

廠區各角落擺設了數個具特色的藝術雕塑。Parliament Street入口處一顆愛心雙腳深插紅磚地，豔麗色彩讓人忍不住從中穿越。不遠處Gristmill Lane路邊一隻三足巨型蜘蛛矗立街頭，是進入釀酒區的路標。最搶眼的是Trinity Street廣場中央的巨型釀酒機具，螺旋狀的釀酒器達三層樓高。Tank House Lane路邊有萬顆以上鎖頭匯集而成的「LOVE」字和愛心型雕塑立在紅牆邊，引來情侶們的合影。

1

2  **3**

1.愛情鎖是全區最熱門的拍照景點／**2.**巨大的蜘蛛雕塑／**3.**舊時用來載酒的老貨車仍展示在園區內

古釀酒區的特色餐廳

Balzac's Coffee

這間咖啡館是改裝自舊時消防局水泵房，兩層樓的建築處處可見舊日的痕跡：斑駁的水泥壁、牆上掛著消防幫浦的壓力計以及防火通風的壁洞。大廳垂掛著一組戲院才有的大吊燈，讓咖啡館洋溢著法國巴黎的氣息。

http www.balzacs.com

消防局水泵房變身的咖啡館

El Catrin

道地的墨西哥捲餅

在這家墨西哥餐廳用餐，享受的不只是美食，還有繽紛的慶典氛圍。以色彩鮮豔的墨西哥剪紙作為餐廳主視覺，搭配大大小小各類燈光的投射，El Catrin呈現大膽且奔放的用餐氣氛。主廚Olivier Le Calvez是擁有25年烹飪經驗的墨西哥人，以道地的墨西哥料理饗宴吸引慕名前來的食客。

http www.elcatrin.ca

▲色彩鮮豔大膽的El Catrin餐廳

◀墨西哥餐廳的用餐環境跟食物一樣吸引人

Wildly Delicious Fine Foods

綜合了雜貨店、小吃店以及咖啡館的複合式商店。這家開業20年的老店有著明亮、寬敞的空間，不論是來吃份三明治簡餐、喝杯咖啡歇歇腳，或是前來選購店家精選當地的果醬、精美的餐

店裡挑高、舒適的用餐空間

琳瑯滿目手作的果醬和調味料

具，你都會感受楓葉國度的優雅生活品味。

🔗 ca.wildlydelicious.com

IZUMI Brewery

斑駁的倉庫內，一桶桶日本清酒發酵中。這是北美洲第一家在地釀製清酒的酒廠。來自日本的工藝以及配方，加上多倫多清澈的泉水，名為「泉」的清酒在此誕生。酒廠每天安排為時約1小時的清酒生產過程導覽，導覽結束前可品嘗4種清酒，每人收取加幣$15。

🔗 ontariosake.com

這裡的清酒吸許多好奇的西方人前來試飲

Pure Spirits Oyster House & Grill

百多年前，當美國本土施行禁酒令時，不少酒商從這家釀酒廠偷偷將酒以船運橫渡安大略湖，送到美國販售。如今釀酒廠加開了餐廳，被譽為多倫多最佳的海鮮餐廳之一。這裡的生蠔來自加拿大東西兩岸，鮮甜可口，深受年輕人的喜愛。

🔗 www.purespirits.ca

這裡的生蠔新鮮遠近馳名

SOMA Chocolatemaker

走進這家紅磚壁面的店，空氣中瀰漫著濃濃的巧克力香氣。偌大的用餐空間，各種巧克力商品如繁花似錦；一旁的座位區在夏天人手一支巧克力冰淇淋，冬天則是冒著煙的熱巧克力。製作巧克力的開放性廚房就在櫃檯後方，大口吃巧克力的當下，不妨瞧瞧可可籽變身巧克力的過程。

🔗 somachocolate.com

味道及造型皆精緻的巧克力

布洛爾-約克村/多倫多大學
Bloor-Yorkville/University of Toronto

多倫多大學

講到時尚大道，就像第五大道之於紐約，在多倫多便是Bloor Street。自70到90年代商圈快速地發展，Bloor Street從默默無名的街道華麗轉身，躋身名牌購物大街之列。本區匯集

聖誕季節的卡薩·洛馬城堡十分夢幻浪漫

了超過700家的設計師精品服飾、皮草、珠寶店，餐廳、飯店、藝廊更是數步一家，密度極高。

每年9月，多倫多國際電影節(Toronto International Film Festival, TIFF)在此盛大登場。號稱全世界最大，也是最親民的電影盛會，電影首映會裡星光熠熠，探照燈投向高空，美食醇酒，衣香鬢影，是多倫多市入秋前最重要的活動。

Hazelton Avenue是幽靜的高級住宅區，精巧的房舍與氣質出眾的藝廊相鄰，是藝術愛好者流連的天堂。Cumberland Street一邊依偎著Village of York Park，是居民和附近上班族休閒的好去處；一邊緊鄰十多家餐廳，入夜後人聲鼎沸，越夜越美麗。

在Bloor Street夾著Yonge Street的角落，有座古典與現代風格

Park of Yorkville Village附近的餐廳林立

Bloor Street上的精品百貨Holt Renfrew

的奇異建築，就是皇家安大略博物館。這個全加拿大最大的博物館館藏極豐，從恐龍化石、埃及木乃伊、中國古墓，到加拿大原住民藝術創作，海量收藏媲美紐約大都會博物館。

多倫多大學是加拿大排名第一的高等學府，全世界名列20。將近有200年的歷史，校園裡處處是古色古香的建築。每當春暖花開，漫步在19世紀英倫古典建築群間，感覺彷彿穿越時空，回到百年前校園的錯覺。

安大略省議會大樓
Legislative Assembly of Ontario

從地鐵站走出來,加拿大第一任總理約翰‧麥當勞爵士以及維多利亞女王的雕像在女皇公園前迎接遊客。穿過綠茵草地,眼前是落成於1893年的省議會大樓。外觀為羅馬復興時期的風格,有著銅綠的圓拱形屋頂,建築本身採用安大略省特有的粉色砂岩所砌成,因而也被稱為「粉紅宮殿」。雖作為議會議事之用,大廈內裝潢古典,雕像與油畫不亞於一般博物館。遊客可以現場登記參加為時30分鐘的導覽,除了欣賞百年古建築,還可參觀安大略省議會的進行。

✉ 111 Wellesley Street West, Toronto, ON M7A 1A2
📞 (416)325-7500 🕐 09:00～17:00,接受當場或事先預訂參觀 ✖ 7/1加拿大日、感恩節、將士陣亡紀念日 💲免費 ➡ 搭乘地鐵#1在Queen's Park站下車 http www.ola.org MAP P.81

加拿大第一任總理約翰‧麥當勞爵士雕像立在女王公園前方

粉色砂岩砌成的省政府大廈

漫步在19世紀古建築的名校 👍海馬老爸

多倫多大學
University of Toronto

圍繞著安大略省議會大樓的校園,就是加拿大排名第一的多倫多大學。多大的學術地位在全世界排名19～20之間(根據Times世界大學排名),每年發表的論文數量在北美僅次於長春藤名校以及哈佛大學;校園圖書館藏書1,900萬本,與哈佛、耶魯並列北美三大圖書系統。

多倫多大學是英國殖民時期上加拿大最早建立的高等學府,源於1827年英國國王喬治四世頒布給英國教派主教的皇家憲章,因而得名「國王學院」。1850年脫離聖公會而與宗教脫鉤,改名為多倫多大學,沿用至今。

學校由12個學院,120多個系所組成,每個學院都有自己的歷史和資源,也各自擁有招生和管理權。多倫多市中心的校園為多倫多三大校區之一的聖喬治(St. George)校本部,另外兩個校區分別是密西沙加市與士嘉堡校區。

校本部內的建築橫跨兩個世紀,有的古色古香,有的現代摩登,各具特色。不少好萊塢電影看上校園的美景,紛紛以此為場景,如1997年的奧斯卡得獎電影《心靈捕手》、1998年湯姆克魯

1.古色古香的校園建築／2.羅馬建築風格的建築是學生服務中心／3.擁有劇場的Hart House是校園內學生聚會的重要建築／4.Trinity College是多倫多大學最古老的校區之一／5.校園裡Norman Bethune的雕像,紀念前往中國學習醫藥的校友

斯主演的《雞尾酒》,以及琳賽蘿涵在2004年主演的《辣妹過招》等等。

漫步在校園裡,19世紀古老建築散發迷人的氣息。3月底櫻花繽紛,老建築與粉色花海交相映,是多倫多春天一絕;秋季黃葉紛飛,校園被染成金黃色,更加添大學的書香氣息。

✉ 25 King's College Circle, Toronto, ON M5S 1A1 ☎ (416)978-5000 ➡ 搭乘地鐵#1在Queen's Park站下車 🌐 www.utoronto.ca 🗺 P.81

皇家安大略博物館
Royal Ontario Museum

　　皇家安大略博物館(簡稱ROM)，位於女皇公園以北，多倫多大學東方，Bloor街及Avenue路口西南角，是加拿大最大，也是北美洲第五大博物館，每年吸引超過100萬名參觀者。

　　1914年開館，已超過100歲的ROM是一座集合了人文、科學、藝術、自然生物和考古學的綜合性博物館。館內40個展館蒐藏了超過600萬件物品，包括恐龍化石、礦物、隕石、非洲藝術品、東亞藝術、歐洲歷史、加拿大歷史、生態標本……。館內一座明代古墓、埃及木乃伊，以及完整的暴龍化石，都是館內的鎮店之寶，值得花上半天的時間細細欣賞。

　　除了豐富的館藏展品，ROM本身的建築也是相當有看頭。從Museum Station地鐵站走出，看到的是博物館古老的磚砌建築；臨Bloor Street一端，被稱為「水晶」的鋁合金與玻璃組成巨大幾何形建築體凌空而出，彷彿是從老建築中破繭而出。這樣新舊合體的想法來自建築師Daniel Liberskind，2007年啟用新建築時，受到輿論兩極的批評。如今數個街區外都可看見如變形金剛般外型的ROM，不能不讚嘆建築師獨特的創作力。

❄博物館參觀路線

　　從位於「水晶」的入口購票進入，先在1樓大廳停留，欣賞一座高達3層樓高的腕龍化石。1樓的展館包含韓國、日本、中國等文物，以及加拿大原住民與加國歷史展。中國古文物數量極多，明代的墓室與各朝代的青銅佛像雕塑尤為著名。2樓主題為自然生物，礦物與寶石、生物演化史。大大小小的恐龍及史前動物化石是參觀重點。3樓為考古和人類學展館，內容涵蓋非洲、美洲、亞洲。埃及的木乃伊、古希臘宮殿和羅馬文物，千萬別錯過。4樓是加拿大原住民以及世界各國織品展和現代文化特展。

　　冬夏兩季每週五晚上是Friday Night Live，晚上7點以後館內提供音樂演奏、輕食、酒類飲料，以派對的形式讓民眾更輕鬆地親近博物館。活動限19歲以上成年人參加，需另購票入場。

✉ 100 Queens Park, Toronto, ON M5S 2C6 ☎ (416)586-8000 ⏰ 週一～日10:00～17:30 休 12/25 $ 成人加幣$26、青年、學生加幣$20、老年人加幣$21、兒童加幣$16，3歲以下幼童免費。每個月第三個星期二晚上(16:30～20:30)免費入場 ➡ 搭乘地鐵#1在Museum Station下車 http www.rom.on.ca/en MAP P.81

1.「水晶」造型，有如變形金剛的博物館／2.大廳的腕龍化石高達3層樓／3.3公尺高的長毛象化石十分壯觀／4.ROM的中國佛像收藏稱冠加拿大／5.羅馬時期的雕像栩栩如生／6~7.中東和埃及文物／8.中國古代駱駝石雕帶著神祕的微笑

10大必看展品

❶ 富塔隆柯龍恐龍化石Futalognkosaurus Dinosaur
❷ 雅典衛城模型Acropolis Model
❸ 圖騰柱Totem Poles
❹ 埃及木乃伊Djedmaatesankh Mummy
❺ 中國石獅Chinese Guardian Lions
❻ 蜂巢Living Beehive
❼ 馬賽克圓丘Mosaic Dome
❽ 英倫起居室English Parlor
❾ 硬木森林Hardwood Forest
❿ 明代古墓Ming Tomb

暴龍化石是化石館的主角

明代古墓為ROM增添一抹神祕氣息

蓋丁納美術館
Gardiner Museum

這是一座以陶瓷為主題，介紹世界各地陶瓷文化的博物館。人類早期的陶瓷作品包括哥倫

美術館前的巨型人頭雕像

布登陸美洲前的原住民陶器，中美洲阿茲特克文化等西元前12世紀的古文明，人偶、器皿等質樸的作品反映當時的文化發展。近代陶瓷則以英國與歐洲17～18世紀瓷器、中國明朝景德鎮青花瓷為主，作品細膩，工藝純熟。走完博物館一圈，等於繞行地球瓷器文化一圈。

每天下午2點提供免費的專人導覽；想動手捏泥土的人可報名參加手作陶藝課。附設的餐廳Clay Restaurant口碑極佳，是逛累了博物館填飽肚子的好去處。

✉ 111 Queens Park, Toronto, ON M5S 2C7 ☎ (416)586-8080 ◷ 週一、二、四10:00～18:00，週三10:00～21:00，週六～日及國定假日10:00～17:00 休 元旦、復活節、7/1 Canada Day、感恩節、聖誕節 💲 成人加幣$15，老年人加幣$11，學生、兒童及青少年免費。每週三16:00後免入場費 ➡ 搭乘地鐵#1在Museum Station站下車 http www.gardinermuseum.com MAP P.81

布洛精品購物街
Bloor Street Shopping

這段不到1公里的街區是多倫多市時尚精品的門面，素有「貂皮街」(Mink Mile)之稱。Chanel、LV、Hermès、Tiffany等國際名牌精品在此一路排開，幾可與紐約第五大道相比。Harry Rosen是上流男士們的衣櫥，Holt Renfrew則是走在流行尖端仕女們的後花園。如果你是個不隨波逐流的人，安大略省設計師的服飾店Pink Tartan，加拿大珠寶店Birks，以及網羅澳洲、法國、義大利設計師品牌的George C.都是選購的好去處。

✉ Avenue Road與Yonge Street之間的Bloor Street ➡ 搭乘地鐵#2在Bay Station或Bloor-Yonge Station下車 http bloor-yorkville.com MAP P.81

世界各大名牌齊聚於此

春寒料峭卻花朵似錦的路邊花台

全世界唯一鞋子主題館

貝塔鞋子博物館
Beta Shoe Museum

海馬老爸

貝塔鞋子博物館位於多倫多的布洛街上，距離ROM只有兩個街區，屬於布洛街文化走廊的博物館之一。博物館樓高4層，收藏了超過13,500件展品，是全世界唯一以鞋子為主題的博物館。

地下樓層展出人類從赤腳到鞋不離腳的歷史，也呈現全世界各文化裡鞋類的形式與演進過程。不論是埃及的彩繪拖鞋、古羅馬的綁繩平底鞋、中國的三寸金蓮，到文藝復興時代以後歐式宮廷女鞋、繁複巴洛克鞋款等上百雙展品，搭配鞋子的功用、形式的說明，半小時內就閱讀完一本人類足部穿著史。

展館2樓則是鞋類的百科全書，蒐藏了歷史名人或是好萊塢巨星的鞋子，鞋款種類光怪陸離，還有超前數十年的未來概念鞋子，十分有趣。3樓的展館則像是一間現代精品服飾店的展

示間，設計師巨大的照片高掛，一雙雙精美的鞋款像是珠寶般展示在精緻的玻璃櫃內。極盡想像力的變化展現在鞋子設計上，冷酷的龐克風、柔軟的甜美風，都從一張張設計師的手稿中脫穎而出，成為舉世獨一無二的限量鞋款。

📧 327 Bloor Street West, Toronto, ON M5S 1W7 📞 (416)979-7799 🕐 週一～六10:00～17:00，週日12:00～17:00 休 12/25、Good Friday 💲 成人加幣$14，老年人加幣$12，學生加幣$8，兒童加幣$5，3歲以下幼兒免費，家庭票加幣$24 ➡ 搭乘地鐵#1、#2在St. George Station站下車 http www.batashoemuseum.ca MAP P.81

1.鞋子博物館的外觀像是一個巨大的鞋盒／2.每一雙設計款鞋子都配上當初設計師手繪的圖稿，相似度百分百／3.櫥窗以各色鞋子組合成大型壁畫作品／4.色彩鮮豔，帶有中亞民俗風格的拖鞋／5.鑲滿寶石的高跟龐克長靴／6.和流行時裝一樣，設計師也開起鞋類主題展覽

19世紀的跨時代城堡

卡薩‧洛馬城堡
CASA LOMA

海馬老爸

C ASA LOMA這名詞來自西班牙語，意思就是山丘上的房屋。這棟英國愛德華時代風格、灰色石造仿中世紀城堡建築，由多倫多知名建築師E. J. Lennox所設計，落成於1914年。斥資350萬，耗時3年蓋成的豪邸擁有98個房間，高踞在市區北部140公尺的山丘上，俯瞰多倫多的市容。

這棟城堡豪宅與亨利‧米爾‧佩拉特男爵(Sir Henry Mill Pellatt)的命運緊緊綁在一起。佩拉特男爵出生於1859年，大學畢業後便進入了家族企業的股票經紀公司，從那時開始就展現他的經商奇才。1882隨著蒸氣發電機的問世，他成立了多倫多電力公司，獲得多倫多市30年電力的合約，投資加拿大太平洋鐵路公司，在尼加拉瀑布興建了加拿大第一座水力發電廠。

種種投資讓他成為加拿大金融、水電、礦業、地產與保險鉅子，曾一度掌握加拿大全國1/4的經濟命脈。他更依循軍中的人脈，與英國皇室保有絕佳的關係，於1905年獲得英王愛德華七世冊封「男爵」頭銜。

為了獻給自己行動不便的妻子一份大禮，

1909年佩拉特男爵聘請E. J. Lennox為其量身打造住宅，這也是他輝煌一生的轉折點。隨著第一次世界大戰的爆發，男爵投資的大量房地產因為戰爭貶值，戰後經濟暴跌使他的股票變得一文不值，豪宅龐大的開銷成為壓倒駱駝最後一根稻草。這一連串的巨變使得男爵只能以變賣家產償債，最後宣告破產，於1924年搬離城堡。

經過多次的輾轉，城堡曾作為飯店、舞廳，以及頗長一段時間的荒廢。目前城堡開放為博物館，對外述說百多年前富賈的生活以及歷史。

卡薩‧洛馬城堡的富麗堂皇不只在於宏偉的空間、精細的雕工，更在於佩拉特男爵的品味和前衛的思想。遠眺風景的塔樓、長達270公尺的地底通道、豪華的馬廄、巧奪天工的溫室花房，手筆闊綽無人能及。即便城堡落成於130年前，各種光電設備，如室內電梯、設置在城堡各角落裡的對講機、浴室的花灑蓮蓬頭以及沖水馬桶、中央吸塵系統等，都是超越那個年代的高科技設備。

✉ 1 Austin Terrace, Toronto, ON M5R 1X8 📞 (416) 923-1171 🕐 週一～日09:30～17:00(最後入場時間16:30) 休 聖誕節 💲 成人加幣$40，青少年、老年人加幣$35，兒童加幣$25，3歲以下幼兒免費 ➡ 搭乘地鐵#1在Dupont Station下車，出站沿著Spadina Street北行，登上階梯即達 http www.casaloma.ca MAP P.81

1.宏偉的城堡高踞山丘之上／**2.**古堡餐廳裡的家飾盡是來自世界各地的收藏

卡薩·洛馬城堡經典10景

1 塔樓 屋頂塔樓的怪獸雕塑

2 男爵的書房 佩拉特男爵書房裡的虎皮

3 男爵的浴室 浴室淋浴設備也是古堡主人的創舉

4 迎賓大廳 城堡迎賓廳的百年風琴

5 橡木廳 橡木廳是主人接待貴賓的場所

6 地底通道 陰暗幽長的地底通道

華麗的彩繪玻璃包圍的溫室花園

7 溫室花房

溫室花園有著先進的人工採光天井

8 圖書館 圖書館裡連木頭地板都講究拼接方向

9 圓廳 圓廳的門片也設計成弧形,讓房間變成完整的圓

10 花園 花園裡噴泉水柱與塔樓相輝映

多倫多城市漫遊　布洛爾-約克村／多倫多大學

89

被藝術包圍的購物中心

約克村Yorkville Village

雖然與精品布洛街只有幾條街之隔，這個商圈卻充滿社會名流的氣息。從餐廳與商店雲集的Yorkville Avenue轉進Hazelton Avenue，布洛街上所有的繁囂與流行時尚被拋到腦後，迎面而來的是綠樹掩映，花木扶疏，一眼望去，街道兩側盡是精巧氣派兼具的歐風建築。

這裡是Yorkville高端的住宅區，路旁藝廊、迷你美術館夾道，現代雕塑臨街而立，堪稱全多倫多最具藝術氣息的街區。Yorkville Village是本區的購物中心，雖然占地不大，且稍有年紀，漫步其中可感受該商場風華猶存的優雅氣質。

1.漂亮的歐式建築沿著街邊一路排開／2~3.小而精緻的Yorkville Village購物中心／4.加拿大騎警化身卡通版雕像／5.藝術雕塑散落在短短100公尺的街區

✉ 55 Avenue Road, Toronto, ON M5R 3L2 ☎ (416)968-8680 ⏰ 週一～六10:00～18:00，週日12:00～17:00 ➡ 搭乘地鐵#2在Bay Station下車，出站後沿著Bellair Street北行，在Yorkville Street左轉；或是搭乘地鐵#1在Museum Station下車，沿著Queens Park Street北行 🌐 yorkvillevillage.com 🗺 P.81

 加拿大地形的縮影

約克村公園
Village of Yorkville Park

左：巨石是市民歇腳、野餐的好地方／右：春末盛開的蘋果花連成花樹隧道

這個城市公園位於Yorkville的精華地帶，是多倫多市政府耗資350萬建置而成，開園以來獲得國內外各種獎項。公園設計的概念是模仿加拿大的地貌，全區劃分成11區，每區有一特色景觀，包含人工瀑布(尼加拉瀑布)、高達兩層樓的巨石(洛磯山脈)、濕地、草原(中西部平原)等等。值得一提的是巨石，當年是從北方加拿大地盾切割後，搬移至此處再組合而成，工程十分浩大。每天中午，總有不少人悠閒在巨岩上野餐、聊天；此地更是遊客在布洛街購物逛累了，歇歇腳的好去處。

✉ 115 Cumberland Street, Toronto, ON M5S 2W7 ☎ (416)338-4386 💲 免費 ➡ 搭乘地鐵#2在Bay Station下車 🌐 bit.ly/2K7fKld 🗺 P.81

媲美古根漢博物館

參考圖書館
Reference Library

在車水馬龍、精品購物商鋪林立的Bloor Street上，參考圖書館是隱身於鬧區的知識寶庫，不僅是眾多多倫多市立圖書館中最大的分館，也是多倫多最大的圖書館。磚紅色的建築落成於1997年，由曾設計渥太華戰爭博物館的加拿大日籍建築師Raymond Moriyama所操刀，樓高5層，除了館藏150冊圖書和閱覽室，也包含了藝廊、可容納600人的劇院、沙龍等公共空間。

全館最搶眼的是上下樓的樓梯。設計師的創意來自巴比倫空中花園，將室內樓梯化身為白色迴廊，由下往上眺望，似純白緞帶般層層圍繞著巨大的中庭空間，簡直媲美紐約的古根漢美術館。

圖書館瀰漫著1980年代的復古風，吸引了加拿大知名歌手The Weeknd來此取景拍攝《Secrets》的MV。5樓是瑪麗蓮和查爾斯貝利

層層海浪般的矮牆據說是來自巴比倫空中花園的靈感

特別收藏中心(Marilyn & Charles Baillie Special Collections Centre)，有一間柯南道爾閱覽室(Arthur Conan Doyle Collection)是少為人知的祕密景點，不僅復刻了19世紀末的英國書房，更收藏了柯南道爾的親筆手稿和書信，以及超過2萬5千冊有關福爾摩斯偵探的小說書籍，絕對是推理迷必訪之地。

> ✉ 789 Yonge St，Toronto，ON M4W 2G8 ☎ (416)395-5577 🕐 週一～五09:00～20:30，週六09:00～17:00，週日13:30～17:00 💲 免費 ➡ 搭乘地鐵#1、#2在Bloor-Yonge站下車 http www.torontopubliclibrary.ca/torontoreferencelibrary ❓ 前往柯南道爾閱覽室須於服務台填寫申請表格並出示身分證件方能進入 MAP P.81

在地當紅的黑拉麵店

三草亭拉麵
Sansotei Ramen

名氣雖然不如山頭火拉麵響亮，但這家源起多倫多的拉麵店十分接地氣，曾獲多倫多年度最佳拉麵大賞。餐廳以石板為牆，天花板懸吊著如手臂粗的麻繩，充滿濃濃的日本風。

店裡採用的湯頭是以豬骨每日新鮮熬煮，香濃入味；豚骨拉麵是招牌，叉燒五花肉十分肥美，入口即化。如果喜歡重蒜口味黑拉麵，有豚骨與味噌2種黑拉麵可選擇。所有拉麵都可選粗

細，免費加麵是大胃王顧客們的最愛。芒果起司蛋糕、抹茶冰淇淋等，是極受歡迎的飯後甜點。

1.店名清楚呈現在街邊餐廳的落地窗上／2.超厚的叉燒和恰到好處的溏心蛋是拉麵的絕配／3.蒜味十足的黑拉麵

> ✉ 650 Yonge Street, Toronto, ON M4Y 2A6 ☎ (647)349-3833 🕐 週三～一11:30～22:30 休 週二 💲 約加幣$15～20 ➡ 搭乘地鐵#1在Wellesley Station下車，出站沿著Wellesley Street 西行，在Yonge Street右轉 http www.sansotei.com MAP P.81

肯辛頓市場
Kensington Market

區域範圍

位於多倫多城市的西區，本區北起College Avenue，西至Bathurst Street，南達Dundas Street，東至Spadina Avenue。

交通對策

搭乘地面電車#501、#506可到達此區。

從Spadina Avenue上標註著Kensington Market的招牌轉入St. Andrew Street，一個充滿活力、異國風情的市集便呈現在眼前。鮮豔的油漆彩繪著一家家店鋪，牆壁盡是大膽奇麗的壁畫或塗鴉。

1920年代以前，此處為猶太人經營的市集。沒多久後，俄國以及東歐移民大量遷入。時至今日，這市場成為聯合國的縮影：除了前述三族裔，西歐的葡萄牙、加勒比海、南美洲、越南、華裔移民也在此落腳，多元化了市場

肯辛頓市場的街頭壁畫與彩繪汽車

的面貌。2006年，肯辛頓市場(Kensington Market)被政府認定為「國家歷史古蹟」(National Historic Site of Canada)，成為加拿大歷史的一部分。

在這裡，你會看到賣海鮮的店緊鄰來自中南美洲的香料鋪；飄著刺鼻味的大麻店旁邊是販賣大阪燒的日式咖啡館；低矮的水果攤與人來人往的刺青店和黑膠唱片行對望。大抵來說，市場以Augusta Avenue、Baldwin Street和Kensington Avenue這三條街為主幹，街邊店鋪相連。廉價、色彩鮮豔的服飾店多集中在Augusta Avenue上；Baldwin Street民以食為天，聚集了多家餐廳、咖啡館、酒吧、鮮魚店以及肉鋪。靠近多倫多大學的College Avenue上有不少的電器及電腦折扣店；靠近Bathurst Street的路段則成為拉丁美洲餐廳以及相關銷售店面的天下。

逛肯辛頓市場小提醒

1. 市場附近停車不便，建議搭乘地面電車前往。
2. 每逢週末，市場的商家無不捲起袖子，把商品排列整齊，等待顧客上門。想體驗肯辛頓市場的熱鬧，絕對要挑選週末前往。
3. 夏季裡，每個月最後一個星期日是「週末行人日」(Pedestrian Sundays Festival)，整個市場封街，汽機車不准進入。小吃攤、街頭藝人、樂團表演在市場各角落裡輪番上陣，是該市場一年裡最有看頭的活動。

古物兼軍事用品專賣店

爭奇鬥豔的彩繪街景

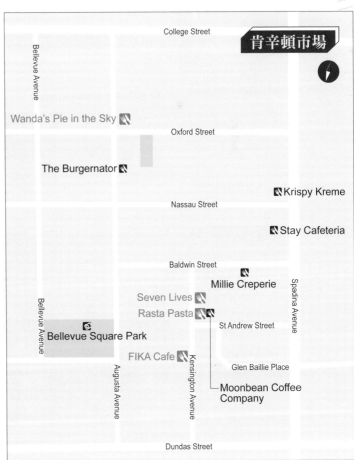

肯辛頓市場

Seven Lives

門口畫著一隻黑貓叼著魚骨頭，很難想像一家墨西哥捲餅小鋪，一星期7天門口都有排隊人龍。這家提供「南加州風味墨西哥捲餅」，除了捲餅皮，所有食材及佐料都是店內現做，味道好、分量大，是肯辛頓市場裡最熱鬧的餐廳之一。

來到這裡一定要嘗嘗巴哈炸魚捲餅（Baja Fish Taco），炸魚塊個頭比捲餅還大，魚肉外酥內軟，微辣的生洋蔥和番茄粒十分合拍，口感多重。融合了煙燻鮪魚、烤蝦和起司的火烤蝦捲餅也是人氣商品。針對素食者，餐廳有蘑菇及仙人掌果等多款素食捲餅可供選擇。

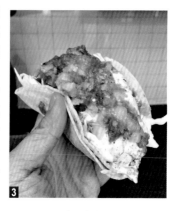

1.外牆塗鴉的Seven Lives／2.店內濃濃的南美小飾品／3.道地的墨西哥美食

✉ 69 Kensington Avenue, Toronto, ON M5T 2K2 ☎ (416)803-1086 🕐 週一～日12:00～19:00 💲約加幣\$10～20，只收現金 http bit.ly/2GON8Wv MAP P.93

海馬老爸

Rasta Pasta

從店名就可以得知，這家餐館的菜色融合了中美洲以及義大利的風味。沒錯！Rasta Pasta以牙買加菜系為主，散發濃濃的加勒比海氣息。人氣料理Vatican是夾了煙燻雞肉以及高麗菜沙拉的帕尼尼三明治，咀嚼時口中都是在醬料中浸泡了兩天的煙燻雞肉味。Jamaican Mi Crazy Chicken是一道煙燻雞肉搭配拌炒了豆子的墨西哥米飯，雖不如華人的白飯香甜，但口味十分特殊，連台灣的美食節目《食尚玩家》都曾前來報導。該店座位數極少，用餐不便；餐廳隔壁設有外帶櫃檯，方便趕時間的顧客前來購買。

✉ 61 Kensington Ave, Toronto, ON M5T 2K1 ☎ (647)501-4505 🕐 週二～六11:00～19:00，週日11:00～18:00 休 週一 💲約加幣\$15～20 http www.eatrastapasta.ca MAP P.93

落地玻璃窗上清楚寫著：煙燻雞就是我們的經典

香氣四溢的煙燻雞肉

城內最好的櫻桃派

Wanda's Pie in the Sky

有著大片的戶外用餐區，以及漂亮的店招，你會以為這是一家摩登現代的咖啡館。推門而入，不大的空間擺滿稍嫌凌亂的桌椅，牆上海報分類廣告隨意張貼著。這是一家用餐環境隨性

悠閒的戶外用餐區

的餐廳。老闆Wanda對烘焙有莫名的熱情，9歲時就從親戚家後院摘取櫻桃，做出她第一個櫻桃派。此後，各式水果派餅成為她的最愛。餐廳裡櫻桃派仍是人氣第一名，派皮酥脆，櫻桃醬甜膩，果粒分明。鹹派、起司蛋糕、迷你披薩也極受歡迎，是附近居民早餐或下午茶的常客。

店內最受歡迎的櫻桃派

店裡處處是手繪的可愛圖案

> ✉ 287 Augusta Avenue, Toronto, ON M5T 2M2
> 📞 (416)236-7585 🕐 週一～六08:00～20:00，週日09:00～19:00 💲 約加幣$10～20 🌐 wandaspieinthesky.com 🗺 P.93

瑞典小馬咖啡館

海馬老爸

FIKA Cafe

在瑞典文裡，fika指的是飲料搭配甜點的咖啡時光。咖啡館主人Mckean曾在瑞典留學多年，愛上了北歐建築的簡潔風格以及優雅的咖啡館氣氛，回到多倫多後，在肯辛頓市場開啟自己的夢想。咖啡館的標誌是一隻可愛圓潤的蒂芬尼藍馬匹，濃烈文青氣息貫穿了整家咖啡館：紅磚與白牆在店裡交替，陽光從大片的窗戶灑進沒有多餘掛飾的牆面。咖啡廳內一個房間三面白牆，第四面牆從底到頂浮貼了泛黃的書頁，這是網紅們最愛在Instagram上分享的畫面。如果你問我肯辛頓市場裡最值得一訪的咖啡館，我的答案是FIKA Cafe。

> ✉ 28 Kensington Avenue, Toronto, ON M5T 2J9 📞 (844)548-6223 🕐 週一～日10:00～18:00 💲 約加幣$5～15 🌐 www.fika.ca 🗺 P.93

1.漆成海軍藍的咖啡館／2.古樸小馬是店內一貫的形象／3.書頁浮貼牆面的用餐空間

唐人街
Chinatown

區域範圍

華人聚集的唐人街並不是一個完整的街區,而是以Spadina Avenue和Dundas Street兩條街的交叉口為中心,向外延伸,東西範圍約莫是College Avenue至Phoebe Street之間的Spadina Avenue,南北則是Augusta Avenue以及Beverley Street之間的Dundas Street。

交通對策

地面電車#310、#510沿著Spadina Avenue穿過此區。搭乘地鐵#1,在St Patrick站下車,沿著Dundas Street向西即可抵達。

掛著斗大的中文店招,路上飄著中式餐點特有的氣味,街邊的水果攤擠滿低頭挑選的顧客……唐人街上庶民的生活與觀光客的身影交錯成都市裡特殊的景象。

約有40萬華人居住在大多倫多地區,是北美地區華裔人口最多的都會區之一。現今Spadina Avenue的唐人街並不是多倫多市最早的華埠。19世紀末,大量華人自美國加州遷入多倫多,落腳於今日聯合車站以北的York Street以及Queen Street West附近,被稱為「第一個唐人街」(First Chinatown)。由於發展迅速,房價高漲,唐人街逐漸延伸到目前Dundas Street,當時為猶太裔聚集的地區。1950年代,華人數量超過猶太人,形成新的唐人街

區;第一個唐人街逐漸凋零,就此步入歷史。

Spadina Avenue街上南北貨、水果攤、Made in China的服飾紀念品店齊聚。餐廳更是三步一小間五步一大

1.十分寫實的西遊記壁畫／2.南北貨中藥行是唐人街獨有的店鋪／3.中英對照的路標／4.唐人街附近OCAD University 形狀怪異的大樓／5.西式磚造建築與中文店招組合，凸顯唐人街多重性格

間，從雲南米線、東北大餅、港式糕點、川味火鍋、台式小吃，甚至越南河粉、韓式料理等，將唐人街幻化成亞洲美食中心。

歷史總是一再重演。隨著唐人街的房價上漲，部分華人於1970年代自市中心出走至城市東部的Riverdale，形成「東區華埠」(East Chinatown)。來自香港的移民潮在80和90年代出現，移民落腳於多倫多市東方的Scarborough、以及北方的Richmond Hill和Markham。這些市中心以外的華人新興社區因為人口眾多，餐館群聚，被當地洋人或是旅遊機構(如多倫多旅遊局)稱為市外華埠。

唐人街

Cecil Street

Stay Cafeteria

Spadina Avenue

Baldwin Street

Beverley Street

McCaul Street

D'arcy Street

餃子樓
Dumpling House

德莊火鍋
Morals Village Hot Pot

士巴丹拿道
Spadina Avenue

Dundas Street

安大略美術館
Art Gallery of Ontario

小肥羊火鍋
Little Sheep Mongolian Hot Pot

Grange Place

Grange Avenue

Huron Street

OCAD University

Grange Park

Beverley Street

McCaul Street

Sullivan Street

Dark Horse Espresso Bar

安大略美術館
Art Gallery of Ontario

簡稱AGO的安大略美術館位於唐人街旁，屋頂是以圓弧造型的玻璃帷幕覆蓋在木頭格架上，像是一艘玻璃諾亞方舟，停靠在Dundas Street上，數個街區之外遠遠可見。

成立於1900年，原為Ontario Society of Artists的畫廊。歷經多次的閉館與整建，2008年由知名的解構主義建築師法蘭克蓋瑞(Frank Gehry)操刀改建，美術館浴火重生，以嶄新面貌與世人見面。

占地約4.5萬平方公尺，藝術品的年代橫跨公元一世紀至今，超過8萬件的館藏讓AGO名列北美美術館第八名。繪畫作品為館內展品的大宗，收藏了莫內、馬諦斯、畢卡索、梵谷等18～19世紀印象派畫家的作品；本土畫家方面，來自加拿大西岸的艾蜜莉卡爾，於安大略省發跡的《七人畫派》(Group of Seven)畫作的收藏頗豐。崛起於1920年代的七人畫派舉著本土藝術大旗，於1920年7人合體公開舉辦畫展，就是在現今AGO的展館。

藝術雕塑是館內另一收藏主題。AGO是全世界收藏最多英國現代主義雕塑大師亨利·摩爾作品的美術館，他的巨幅作品《Large Two

1.入夜後的安大略美術館(圖片來源：Tourism Toronto)／**2.**中庭的螺旋樓梯也是藝術品的一部分／**3.**展覽館裡油畫的展示，本身就是一件藝術／**4.**羅丹的沉思者面對掛滿油畫的牆

Forms》靜靜佇立在展館外；館內的亨利摩爾雕塑中心(Henry Moore Sculpture Centre)裡展出了數十座銅或是大理石的人體雕塑，作品流線圓滑、姿態扭曲，完全呈現一代雕塑大師的風格。加拿大原住民因努特人(Inuits)的藝術石雕和牆飾創作是二次世界大戰後的收藏，保存了日漸消失的地方藝術文化。

除了美術展品，AGO建築本身也是藝術。中庭Walker Court保留了舊有的圓拱門設計，融入螺旋樓梯和天窗的新設計，自然光流入挑高的大廳，優雅風格流瀉。

Galleria Italia是一挑高的大型拱廊。以一根根弧形道格拉斯杉包覆，天光透過玻璃牆面灑入，

整個空間就是一件藝術創作。一旁的咖啡座是逛累了美術館，可以歇歇腳的最佳去處。

美術館南側的建築The Grange，是AGO最早的所在地。建造於1817年，喬治亞風格的三層樓建築，是多倫多市排名12的古老磚房。屋內餐廳僅供AGO會員使用，但一般遊客仍可進入參觀，感受200年前老屋的氣味。

5

5.一樓戶外亨利摩爾的作品《Large Two Forms》／6.畢卡索畫作《Seated Woman》／7.紅色的AGO在美術館入口極為醒目／8.美術館裡的現代雕塑展品／9.美術館鄰近街區也有不少藝術創作／10.亨利摩爾作品的收藏極豐／11.畢卡索的作品：《雙手交疊的裸女》以及青銅雕像

如果時間充裕，不妨參加館內的免費導覽，深入了解館內展品與建築。導覽從中庭Walker Court出發，為時莫1小時，每天從上午11點到下午3點，共有4個場次；每週三和週五則增加晚上7點的場次。

✉ 317 Dundas Street West, Toronto, ON M5T 1G4 ☎ (416)979-6648 ◷ 週二、四10:30～17:00，週三、五10:30～21:00，週六～日10:30～17:30 ✖ 週一、12/25 💲 成人加幣$30(加加幣$5可升級成年票會員)，25歲免費入場，每週三18:00後免費入場 ➡ 搭乘地面電車#505在MaCaul Street下車 http ago.ca MAP P.97

2樓的Galleria Italia有遠看城市的視野和絕美的空間

「門」字雕塑裝飾的唐人街

士巴丹拿道
Spadina Avenue

市中心唐人街以此為最典型的華人街道。沿路的商店招牌九成都是中文字，就連指路的路標都是以楷書撰寫的中文街名。不同於其他城市的唐人街，多倫多市中心唐人街並沒有高大的牌樓作為地標，只有兩座一層樓高，蟠龍攀緣其上的鮮紅色「門」字雕塑立在Dundas Street與Spadina Avenue繁華的路口兩側。餐廳、蔬果行、觀光紀念品店是本區最多的店鋪；每年中區華埠同樂會(Chinatown Festival)都在此地舉辦。

✉ College Street到Sullivan Street之間的Spadina Avenue ☎ (416)260-9800 💲 免費 http www.chinatownbia.com MAP P.97

1.Spadina Street分隔島上中文「門」字的牌坊／2.國父孫中山向路人揮手致意／3.唐人街一路的中文招牌／4.蔬果行是唐人街不可或缺的店鋪

道地中國北方風味

餃子樓
Dumpling House

這家從外到內紅通通的館子就在士巴丹拿道最熱鬧的路段，地點十分便捷。鄰街的透明玻璃裡便是廚房，工作人員現場擀麵皮、手工包餃子，吸引好奇的路人圍觀。

東方餃子館雖然提供了眾多合菜餐式，如宮保雞丁、洋蔥牛肉、炒麵、炒飯等老外熟悉的中式餐點，北方麵食諸如餃子和鍋貼還是店內最受歡迎的美食。以加拿大麵粉擀製的餃子皮口感較Q，但內餡肉甜多汁；鍋貼煎得外表酥脆金黃，內餡肉汁燙口，不僅華人捧場，其他族裔也十分喜愛。

1.斗大的招牌，遠遠可見／**2.**十分道地的中國北方口味的韭菜水餃／**3.**透明廚房是吸引人的噱頭之一

✉ 328 Spadina Avenue, Toronto, ON M5T 2E7 📞 (416)596-8898 🕐 週日、一、三、四11:00～22:00，週五～六11:00～S22:30 🚫 週二 💲 約加幣$20～30 ➡ 搭乘地面電車#505在Spadina Ave的Dundas Street West站下車 🌐 bit.ly/2UgUj5D 🗺 P.97

唐人街旁的現代咖啡館

Dark Horse Espresso Bar

在東方臉孔往來的士巴丹拿道上，這家洋氣四溢的專業咖啡館與唐人街上的商店風格迥異，讓人耳目一新。紅色五角星展翅的標誌在落地窗上，推門而入，實木吧檯後的咖啡師遞送溫暖的微笑。室內寬敞，空間挑高，磚牆上掛著大幅抽象畫，水晶吊燈垂掛，摩登現代與古典風格並存。

咖啡豆來自自家烘焙廠，味道新鮮，香氣瀰漫在室內每個角落。冰滴咖啡和冷榨果汁是夏天的暢銷商品。甜點玻璃櫃檯裡杏仁可頌麵包、奶油塔(butter tart)總是最先賣完的品項。

1.咖啡館的明亮來自鄰街的大片落地玻璃／**2.**咖啡之外，London Fog茶拿鐵也是人氣飲料／**3.**可頌三明治是多數顧客選擇搭配咖啡的鹹食

✉ 215 Spadina Avenue, Toronto, ON M5T 2C7 📞 416)979-1200 🕐 週一～五07:30～19:00，週六～日08:00～20:00 💲 約加幣$5～15 ➡ 搭乘地面電車#310、$510在Spadina Avenue的Sullivan Street站下車 🌐 www.darkhorseespresso.com 🗺 P.97

湖濱區
Harbourfront

區域範圍

湖濱區指的是多倫多市中心南端，緊靠安大略湖的狹長地段。該區北至Gardiner Expressway，東達Yonge Street，南抵湖邊，西至Bathurst Street。

交通對策

可搭乘地鐵#1，在聯合車站下車，出站後沿著Bay Street或York Street南行即可抵達本區。或搭乘地面電車#509、#510皆可抵達。

時間拉回300年前，你站在目前湖濱區(Harbourfront)的女王碼頭大廈(Queen's Quay Terminal)門口，看到的景象絕對與今日不同：那時湖水浸過你所站立的地方，湖岸還在身後數百公尺處。接下來數十年後，工廠廠房陸續出現在湖邊的新生地，漸漸冒起白煙；遠方火車蒸氣陣陣，汽笛聲嗚嗚叫著駛進如今Front Street旁的車站。

沿著安大略湖濱的人工沙灘，米黃色的洋傘除了遮陽，也是公共藝術

工業蓬勃發展，已經是20世紀初的事情了。1930年代，Gardiner Expressway落成，雖然公路的方便帶來人潮與車流，對湖濱區來說仍是一道阻礙開發的高牆。80年代是本區的轉型期，鄰近的羅渣士中心落成，擠入熱血的球迷群眾；本區的高樓層公寓開始拔地而起。Queen's Quay West是本區最主要的幹道，該街道至湖岸間是本區的精華地段：多個碼頭在此一路排開，購物大樓、公園、戶外表演空間、主題餐廳在此交迭，自有一番水岸戶外活動區域的個性。

從春末夏初起，湖邊總是擠滿遊客，大排長龍等候登上大型觀光帆船；年輕人則是手拎啤酒，呼朋引伴上遊船開派對去。懂得享受的人則坐在湖邊的啤酒餐廳裡欣賞湖上風光；聽完露天音樂會的家長帶著小孩在湖濱區的水池裡騎著滾輪腳踏車戲水，或是前往多倫多音樂花園(Toronto Music Garden)欣賞奇花異卉。

如果要前往多倫多群島，就得在本區東側卑街(Bay Street)路底的傑克雷頓渡船碼頭(Jack Layton Ferry Terminal)購票搭船。如果嫌每半小時一班船等候太久，不妨在女王碼頭大廈旁的碼頭搭乘水上計程車。小小的水上計程車招滿客人即出發，免等候，且可以在湖上乘風破浪，快速登島。只是單程票價加幣$10，比渡輪貴上一倍有餘。

搭船遊湖是最愜意的遊湖方式

湖濱的獨木舟車租中心

水上計程車的搭船處

美食、音樂、表演齊聚的藝文重鎮

湖濱藝文中心
Harbourfront Centre

緊鄰安大略湖畔，湖濱藝術中心包含了公園、表演場地、美術館、展覽廳、乘船碼頭、餐廳等等16個大大小小公共空間，占地4公頃，是多倫多南區最大的藝文重鎮。

最早的展館落成於1974年，原本只是個加拿大政府為了活化多倫多而建的活動中心，到了1991年改組為非營利事業組織，以外界的捐款致力於文化活動的推廣。講座、舞臺劇、音樂會、手工藝展出各式活動，每天超過10場活動在此展開，相當熱鬧。

除了固定場廳的室內活動，戶外活動也依季節轉換而上場。每年6月分的Redpath Waterfront Festival活動集音樂表演、美食、水上活動於一身。Island Soul Festival把北美的湖濱變身成加勒比海的海岸，中美洲的熱情在美食與音樂中展現無遺。

湖濱中心外的水池在夏天是市民騎水上腳踏車、划船最熱門的場地；到了冬季搖身一變，成為歡笑陣陣的溜冰場。除了從岸邊觀湖，跳上遊船是另一角度遊覽安大略湖地。不論是遊客喜歡的古典造型大型帆船，或是當地年輕人習慣上船開派對的現代流線形遊艇，等著上船的人龍長長蜿蜒。

✉ 235 Queens Quay West, Toronto, ON M5J 2G8 ☎ (416)973-4000 ◷ 週一～日10:00～21:00 💲 參觀免費，各種表演票價見官網 ➡ 搭乘地面電車#509、#510、#310在Harbourfront Centre站下車 http www.harbourfrontcentre.com MAP P.103

不發電，只展藝術品

發電廠現代美術館
The Power Plant Contemporary Art Gallery

一柱擎天的磚造煙囪是美術館的標誌

還沒走到安大略湖畔，大老遠就可看見漆著斗大英文名稱的高聳煙囪，這座古樸的紅色磚造工廠落成於1926年，高聳的煙囪矗立在安大略湖畔，湖上的遊船在數十公里外仍可看見，是當年為了提供電源以及冷卻系統給碼頭船塢而興建。

從發電的功能退役下來，1976年被納入湖濱藝文中心，目前為一現代藝術美術館，展出國內外藝術家的繪畫、雕塑、建築、影音攝影等作品。

每週六下午3:00館方提供免費導覽，30分鐘的導覽將深入老發電廠的內部，一窺歷史建築變身現代美術館的祕密。

古老的發電廠磚牆穿上炫目的玻璃裙

📧 231 Queens Quay West, Toronto, Ontario M5J 2G8 📞 (416)973-4949 🕐 週三11:00～18:00，週四～五11:00～20:00，週六～日11:00～18:00 🚫 週一～二 💲 免費 ➡️ 搭乘地面電車#509、#510、#310在 Harbourfront Centre站下車 🌐 thepowerplant.org 🗺️ P.103

 遊船碼頭大廈

女王碼頭大廈
Queen's Quay Terminal

緊鄰安大略湖，在1920年代女王碼頭大廈原為湖濱碼頭船運的倉庫，1983年老舊倉庫被夷平，原址出現一棟有著2層樓高的優雅鐘樓、8層樓高的雪白壯麗大樓。改建後，大樓成為住、辦、零售的複合式空間，1～3樓是餐廳、超市以及商店，4樓以上為辦公樓層。大樓內的Fleck Dance Theatre是擁有450個座位的表演廳；面向安大略湖方向的低樓層有不少公共空間，提供視野極佳的座位區供遊人休憩。

大樓旁的碼頭是前往多倫多群島水上計程車的搭乘處，遊湖郵輪也在此登船。

左：樓高10層樓碼頭大廈的鐘樓／左：大廈內別具風格的照明設計

📧 207 Queens Quay West, Toronto, ON M5J 1A7 📞 (416)203-3269 🕐 週一～日09:00～17:00 🚫 週六 💲 免費 ➡️ 搭乘地面電車#509、#510、#310在 Harbourfront Centre站下車 🌐 www.waterfrontbia.com 🗺️ P.103

多倫多音樂花園
Toronto Music Garden

這座公園之所以能在多倫多眾多的公共空間裡鶴立雞群，除了位於風景秀麗的濱湖區，更因為有音樂家的加持。花園最初的計畫並不是落腳多倫多。回溯到1988年，華裔大提琴家馬友友與地景藝術家Julie Moir Messervy攜手合作，向美國波士頓市提出希望以庭園造景的方式來闡釋巴哈的無伴奏大提琴第一號組曲，可惜波士頓市沒有接納他們的提案，經過多倫多政府的積極爭取，計畫最終在多市的安大略湖邊落地生根。

音樂花園占地1.6公頃，分為6個主題區域，以不同國家的音樂樂風命名：前奏、德國巴洛克舞曲、法國庫朗特舞曲、西班牙薩拉班德舞曲、小步舞曲、和英國基格舞曲，區內種植了相對應的各色花草植物、建築和雕塑裝飾，以及代表該地區的樂器。

園內除了花草植栽，到處都是如茵的草地，不論在哪個角落都可看到不遠處的CN塔。花園中央還有座可容納3,000人的圓形露天劇場，舞台上建有造型特殊的鏤空頂棚支架，各種音樂演出和活動經常在此舉辦。花園一旁便是安大略湖水岸，離岸不遠處設有造型噴泉，夏季每到假日，湖畔的燈光和噴泉隨著不同的音樂起舞，堪稱園內最受歡迎的景觀。

> ✉ 479 Queens Quay W，Toronto，ON M5V 3M8 ☎ (416)973-4000 ⊙ 24小時開放 💲 免費 ➡ 搭乘街車#509在Queens Quay West at Lower Spadina Ave West Side站下車 🔗 bit.ly/3qKES7f 🗺 P.103

◀造型特異的鏤空屋頂是露天舞台的一部分
▼音樂公園裡的小丘是市民最愛野餐和休想的地點

來一品嘗精釀啤酒佐湖景

Amsterdam BrewHouse

▶在戶外甲板上一邊啜飲啤酒，一邊欣賞湖景

打從2013年開幕，Amsterdam BrewHouse一直是安大略湖畔最熱門的餐廳。一進門是啤酒釀製的玻璃屋，一座大型的吧檯端坐在挑高三層樓的空間，時尚且氣派非凡。多達500個用餐座位遍布在兩層樓的室內與戶外空間。

精釀啤酒就在餐廳內釀造，新鮮直送，不管是點一大杯生啤豪飲，或是來一套4杯的啤酒試飲，都能品嘗到新鮮啤酒的甘醇。2樓戶外觀景區可將安大略湖的景色270度攝入眼簾，點一份美式烤雞翅、墨西哥薄餅下酒，吹風看湖景，是當地人消磨週末夜晚最好的方式。

▲想多品嘗不同啤酒的風味，就來一套試飲組吧
▶巨大美觀的餐廳也是啤酒釀酒廠

✉ 245 Queens Quay W, Toronto, ON M5J 2K9 ☎ (416)504-1020 ◷ 週日～四11:00～00:00，週五～六11:00～02:00 休 無 $ 約加幣$20～40 ➡ 搭乘地面電車#509、#510、#310在Queens Quay West的Rees Street下車 http www.amsterdambeer.com MAP P.103

招牌菜是口味眾多的押壽司

Miku Toronto

來自溫哥華的高檔壽司名店，多倫多分店落腳在安大略湖邊。空間挑高寬敞，裝潢擺設走的是極簡風，以日本街頭壁畫家Hideki Kimura的手繪塗鴉妝點牆面，既明亮又呈現現代感。

押壽司(Aburi-style sushi)是該店的招牌，方塊立體壽司在黑色漆木盤中排列整齊，色彩繽紛來自於不同的牛、魚片和青蔬，經過廚師以瓦斯罐明火燒炙，略帶燒烤焦味，讓人垂涎欲滴。

Coal Harbour Platter海鮮盤取名自溫哥華，最能呈現該店對於水產鮮度的堅持。海鮮、押壽司，甚至是沙拉，各種餐點不論是擺盤或食物滋味，Miku都維持一貫的精細風格。

1.擺盤別具用心的冷盤海鮮盤／2.即便是吃冷的，Miku的廚師堅持生菜沙拉還是要放在鑄鐵煎鍋上／3.押壽司顏色鮮艷多彩，完全還原食物本色

挑高兩層樓的Miku，極具空間感

✉ #105 10 Bay Street, Toronto, ON M5J 2R8 ☎ (647)347-7347 ◷ 週二～四11:30～22:00，週五～六12:00～22:30，週日～一12:00～21:00 休 無 $ 約加幣$40～60 ➡ 搭乘地面電車#509、#510、#310在Queens Quay Ferry Docks Terminal下車 http mikutoronto.com MAP P.103

多倫多群島
Toronto Islands

區域範圍

多倫多群島(Toronto Islands)是一組由3個大島，8個有名稱的島嶼及數個無名小島所組成的島鏈，位於安大略湖中，與多倫多市相對。

交通對策

前往多倫多群島只能選擇水路，搭乘渡船或是水上計程車前往。從Bay Street路底的傑克雷頓渡船碼頭(Jack Layton Ferry Terminal)可搭乘渡輪分別前往多倫多群島的3個主要碼頭，或在女王碼頭大廈(Queen's Quay Terminal)西側搭乘私人船運Toronto Harbour Water Taxi。

對於多倫多居民來說，多倫多群島就像是後花園，每到6月，總得搭船到島上曬曬太陽、騎車散步，那才是真正的夏日生活。

群島的總面積約為325公頃，島與島之間由橋梁或小船水路相連。最大的島嶼為長形的中央島(Centre Island)，阿爾岡昆島(Algonquin Island)和奧林匹克島(Olympic Island)是另外兩個主島。

除了部分島上公共服務的車輛，島上禁行汽車，這可能是全北美最大的無車島嶼社區，因此步行與腳踏車是遊覽島上的唯二工具。比利畢夏多倫多城市機場位於島嶼的西北角，是專營國內線的機場，與多倫多群島隔絕，只能從多倫多市前往。

提供市民休憩是多倫多群島最大的功能。供人戲浪游泳的海灘遍布各小島；島上有數個公園，提供遊客休

前往多倫多群島的私人小渡船Tiki Taxi很受年輕人的歡迎

憩、烤肉,甚至音樂會的舉辦。中央村主題公園是小孩的遊樂天堂,除了遊樂設施外,諸多小吃攤也是島上最容易填飽肚子的地方。

騎單車應該是島上最受歡迎的交通工具。遊客可以自行攜帶單車,或是在島上租車。島上有數家遊艇俱樂部;如果你是水上活動愛好者,不妨租借獨木舟下水一展身手。每年入夏前,龍舟競賽也是多倫多群島上的重要活動。

從島上觀賞多倫多市的天際線絕對是到島上來的重要目的之一。不論是晴空下,或是太陽斜倚,多倫多高高低低的城市輪廓展現無比的魅力,是情人們製造浪漫的好場景。

從加拿大國家電視塔(CN Tower)上遠眺多倫多群島,就像是從湖中冒出的森林

◀▲熱愛運動的居民在湖心划船

多倫多群島

沃德島
Ward's Island

島嶼咖啡館
Island Cafe

尼德漢蘭雕像
Ned Hanlan Statue

Toronto BBQ
& Beer Co.

沃德島海灘
Ward's Island Beach

The Rectory

漢蘭角
Hanlan's Point

阿爾岡昆島
Algonquin Island

Muggs
Island

奧林匹克島
Olympic Island

中央村主題公園
Centreville Theme Park

漢蘭角海灘
Hanlan's
Point Beach

中央島
Centre Island

可愛動物區
Far Enough Farm

Carousal Café

直布羅陀角燈塔
Gibraltar Point Lighthouse

前往多倫多群島

傑克雷頓渡船碼頭為公營的碼頭，出發的渡船前往多倫多島的3處碼頭：漢蘭角碼頭(Hanlan's Point Ferry Dock)、中央島碼頭(Centre Island Ferry Dock)，以及沃德島碼頭(Ward's Island Ferry Dock)。航班通常為30分鐘或1小時一個班次，搭船時間13分鐘。

旺季(5～9月)渡輪正常行駛。腳踏車出租店僅5～9月營業。淡季(10月底～4月中)渡輪減班。冬季時，只有前往沃德島的航班正常運作，平季(4月中～5月底，以及9～10月底)航班減班。

夏季為渡船旺季，碼頭經常大排長龍。建議事先上網購票，除了可省去冗長的排隊時間，還可享受9折票價優待。

✉ 9 Queens Quay West, Toronto, ON M5J 2H3
☎ (416)392-8193 ⏰ 週一～日06:30～23:00，依照季節與航線有所不同 休 無 💲 成人加幣$9.11，老人、青少年加幣$5.86，孩童加幣$4.29，幼兒(2歲以下)免費
➡ 搭乘地面電車#509、#510、#310在Queen Quay Ferry Docks Terminal站下車 http bit.ly/2tM8Oyq MAP P.109

1.傑克雷頓渡船碼頭在公園的盡頭(圖片來源：Jerome Sung)／**2.**售票亭／**3.**航行在湖上的渡輪／**4.**抵達中央島的渡輪

中央島：野餐烤肉、蹓小孩的天堂

往來傑克雷頓渡船碼頭與中央島碼頭的渡船班次最多，無非是因為這個島擁有最多景點與遊樂設施。下了渡船，綠茵迎面，水路縱橫在各小島間。眼前展開的是大片的草地，指示牌寫著：歡迎踩上來——這裡是野餐烤肉活動的大本營。

向西前行，陣陣兒童笑聲傳來。中央村主題公園(Centreville Theme Park)是一個迷你的兒童遊樂園，園區內30多種遊樂設施，包含旋轉木馬、碰碰車、鬼屋、咖啡杯、高空環狀纜車等，買張票，大人小孩在此都能玩得盡興。一旁的可愛動物區(Far Enough Farm)則是免費參觀，孩童們可以與馬、羊和兔子等溫馴的動物近距離接觸。

到伸出至安大略湖的Y形碼頭。憑靠欄杆，遙望無邊境的前方，便是一水相隔的尼加拉瀑布與美國紐約州。

如果肚子餓了，不妨在碼頭邊的小吃攤買份希臘肉捲止飢。或是租台腳踏車，以更輕鬆的方式探訪多倫多島嶼的風光。

Toronto Island Bicycle Rental 腳踏車租借
http bit.ly/2UjV9Pe

經過Carousel Café，來到橫跨中央島的拱形橋，每年端午節前後龍舟競賽在此舉辦。順橋而下，經過歐式花園與水池，便來

1.地面大型彩繪／2.鬱金香形狀的裝置藝術座椅／3~4.中央村主題公園的遊樂設施，小孩總是玩得不亦樂乎／5.沿湖沙灘區

漢蘭角：觀夕踏浪好去處

漢蘭角(Hanlan's Point)位於多倫多島的最西端，自傑克雷頓渡船碼頭出發，在漢蘭角碼頭下船即達。除了欣賞多倫多的都市天際線，也是觀賞日落的最佳地點。

19世紀末，漢蘭角是島上最熱鬧的區域。漢蘭一家人在1862年抵達此處，建立了家園後發現旅遊商機，不久便將居住的房子改建成飯店，此後每年夏天湧入大批遊客，漢蘭角成為多倫多市夏季的消暑景區。

20世紀初，漢蘭飯店毀於祝融，幾年後多倫多市政府接管，漢蘭角被劃入市立公園。一尊雕像佇立在漢蘭角渡船碼頭，此為尼德漢蘭(Ned Hanlan)的紀念碑，記錄一位漢蘭家的小孩，因為每天從漢蘭角划船渡湖至多倫多市區上學，最終成為國家出色的划船選手。

從中央島往西行，一座古老燈塔矗立右手邊。這是直布羅陀角燈塔(Gibraltar Point Lighthouse)。目前燈塔離水岸頗遠，但1808年落成時緊鄰湖濱，為往來的船隻指引方

天體海灘的入口

向。燈塔有個恐怖故事：首任燈塔看守者JP Rademueller被約克堡的士兵殺害，至今屍首尚未尋獲。傳說每年夏季看守者的幽靈都會回到燈塔，凄厲的嚎叫聲在夏夜裡頻傳，連多倫多市都可聽聞。

漢蘭角西岸的沙岸十分逶長，區分為2個沙灘。加拿大全國有2處天體沙灘，一處在溫哥華，另一處即是漢蘭角南側的沙灘。在這個天體沙灘(clothes optional beach)，嚮往無拘無束的居民與遊客在此坦誠相見，同時也是同志們的日光浴勝地。裸體在北側海灘是被禁止的，想從衣物中解放的人千萬別到此處。

漢蘭角也是每年9月初的勞工節，觀賞加拿大國際航空展(Canadian International Airshow)的空中分列式最佳地點。不論是軍用噴射機，或是民間特技表演的螺旋槳飛機，航空展的表演機群在多倫多群島上方呼嘯而過，在多倫多城市天際線上空噴煙寫字或塗鴉，十分壯觀。

有著神祕傳說的古老燈塔　　尼德漢蘭雕像紀念碑

沃德島：走一段浪漫的湖濱步道

沃德島(Ward's Island)位於多倫多島最東部，自傑克雷頓渡船碼頭出發，在沃德島碼頭下船即達。島上的住宅區集中於此，雖然有262間房屋，650人居住於此，但走近此社區，上了年紀的屋舍悄然無聲，偶聞人聲犬吠。沃德島海灘位於南側，沙細水清，是沃德島夏天最熱鬧之處。沿著南側緊鄰著湖水蜿蜒的木板棧道，全長2.5公里，是景色最佳的健走步道。

如果要說沃德島最值得一遊的景點，該屬碼頭邊的湖邊小公園。由公園往多倫多回望，整個城市坐落水岸，高樓倒影在悠悠水面，不論是日落或是華燈初上，此處都是多倫多戀人首選的浪漫約會地點。

島上的遊艇俱樂部

島上休憩的腳踏車騎士

觀看多倫多天際線全景

湖心露天咖啡館

島嶼咖啡館
Island Café

搭乘渡船在沃德島碼頭下船，步行3分鐘就可見到橢圓形招牌上寫著店名Island Café，高高掛在庭院中心的涼亭上。這家餐廳坐落在一片花圃中，沒有室內用餐區，用餐的旅客只能選擇在涼亭中的位子，或是乾脆在綠地找個休閒涼椅或是板凳來享用店裡的餐點和咖啡。如果季節對了，還可在這裡買到新鮮羊肚菌、義大利瓜等來自附近農家的蔬果。若只是路過，買一份店內烘焙的奶油塔或是一球冰淇淋，一邊品嘗一邊散步，沿著環湖木棧步道欣賞安大略湖的湖景。

在Island Café用餐，就像是在花園裡野餐

✉ 20 Withrow Street, Toronto, ON M5J 2C4 ☎ (416)203-6460 🕐 週一～四08:30～21:00，週五～日08:30～22:00 🚫 無 💲 約加幣$10～20 ➡ 搭乘渡船至Ward's Island Ferry Dock，下船後徒步前往 🌐 www.islandcafeto.com 🗺 P.109

多倫多西區
West End

LUIS DE CAMÕES SQUARE
CRAWFORD ST.
410

區域範圍

東起Bathurst Street，北達St Clair Avenue，西以Humber River為界，南抵安大略湖。

交通對策

地鐵#2通過本區北方，地面電車#501、#504、#505、#506、#514皆可抵達本區。

Graffiti Alley

著名的塗鴉巷的路標

從多倫多市中心向西行，跨過Bathurst Street便是區域廣大的多倫多西區。這區域包含了10多個行政區域，每個區域、樣貌都各具特色：有的是不同族裔自原居住國遷徙至此，形成特有文化的社區；有的是破舊的社區經過都市更新後成為活力滿滿的商業市集。

　　讓我們跳上地面電車，快速瀏覽多倫多西區的樣貌！搭乘#506順著College Street向西行，首先遇到的是街道色彩鮮豔的小義大利區。20世紀早期，從事鐵路及公路修建的義大利移民在此群聚，開設餐廳以及商店。如今，小義大利區已成為美食、咖啡館、豐富夜生活的代名詞。繼續往西行，來到小葡萄牙區，這裡的葡式牛肉串餐廳應該在全多倫多市是數一數二的美味。吃飽了

初春的Queen West

位於由舊屠宰場改裝的Liberty Village的愛爾蘭酒吧

想散步，電車#506的終站就是不論春夏秋冬都適合造訪的高地公園(High Park)。

若是搭乘地面電車#501，你將沿著多倫多西區的南側Queen Street向西行。街邊景象從玻璃帷幕的高樓，一路逐漸低矮，跨過士巴丹拿道(Spadina Avenue)，放眼所及都是3層樓的老舊建築。可別小看這些不起眼的房子，West Queen West是城市內近年來翻新、最快高檔化的區域，

塗鴉街的藝術創作

King Street West路邊的公共藝術

創意手作鋪、甜點咖啡館、餐廳、全市最熱門的酒吧星羅棋布。這裡也是藝術創作者和音樂家流連之處，鼎鼎有名的塗鴉巷吸引了無數旅客走入迷魂陣中而無法自拔。

最後來到King Street West，餐廳密如牛毛坐落街上。不論是高檔或是平價、素食或是大魚大肉，再挑剔的嘴也能找到自己的味道，老饕食客更是定時前來此區報到。

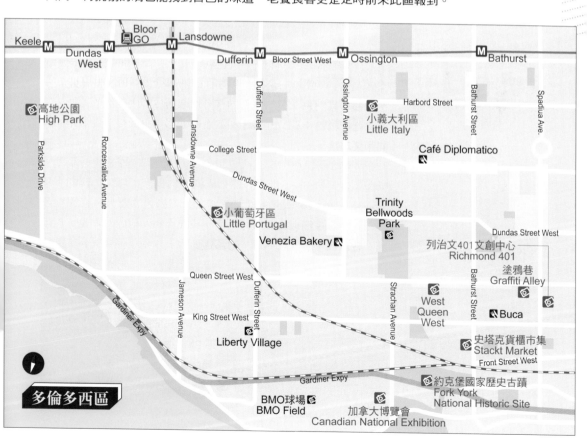

多倫多西區

約克堡國家歷史古蹟
Fort York National Historic Site

18世紀末,上加拿大省在安大略湖旁建立要塞,以抵抗美國可能的軍事威脅。此處被稱為約克堡(York),新移民陸續遷入後逐漸繁榮。1812年美加戰爭爆發,約克堡被美軍攻陷,史稱約克戰爭(Battle of York),2年後被英軍和原住民聯手反攻,才收復失地。1923年約克堡舊址被加拿大政府收編為國家歷史古蹟,展示200年前多倫多市的興起以及美加兩國糾結的歷史。

位於多倫多市西區,約克堡國家歷史古蹟博物館占地43公頃,是加拿大最大的軍事建築群。區內保留當年的屋舍和軍事設施。其中包含軍營、木製碉堡、大砲,還原當年戰爭的現場。參觀軍營中的廚房、寢室,19世紀初加拿大軍人的日常生活完全展現。

除了靜態的展覽,夏季諸多動態的活動輪流

約克堡外的歷史紀念牌

上場。每年6～8月,每天固定有火砲射擊、儀隊與鼓樂隊等表演,並有穿著鮮豔顏色的軍服、扮演當年士兵的工作人員與顧客互動、拍照。如果時間充裕,不妨參加博物館提供的專人導覽。

✉ 250 Fort York Boulevard, Toronto, ON M5V 3K9 ☎ (416)392-6907 ⏰ 週三、週五～日11:00～17:00,週四10:00～19:00 ❌ 週一～二、12/24～26、元旦、復活節 💲 免費 ➡ 搭乘地面電車#509或公車#511,在Fleet Street上的Fort York Boulevard下車 🌐 www.toronto.ca/fortyork 🗺 P.115

19世紀加拿大將士們的軍舍

曾開炮轟擊美軍的砲台

各式風格壁畫牆超好拍

海馬老爸 👍

塗鴉巷
Graffiti Alley

走入西皇后西街的後段，街道稍窄，兩側各種特色小店羅列。向南轉入後巷，身旁的顏色突然瑰麗起來，抽象文字與具象圖案交錯，由近及遠一路綿延，是著名的塗鴉巷。1公里長的後巷匯集了數百幅塗鴉畫：有深沉抑鬱的寫實、有歡樂奔放的寫意；卡通人物被畫家借題來表現他

1.塗鴉巷如迷宮般深入街區後巷／2.寫實派的塗鴉創作／3.不乏國際名家的作品／4.海底世界塗鴉占滿一整個建築物，拍照率最高

們的想像，更多是虛擬創造出來的人像或動物，以拼貼、錯置、翻轉成一個故事，在建築牆面上娓娓敘說心情始末。

建議參觀路線：從Queen Street West轉進Mcdougall Lane，右轉後巷，精采的塗鴉在後巷一路延伸至Portland Street。

✉ 介於Spadina Avenue與Portland Street之間的West Queen West，約1公里長 ☎ (416)392-2489 $ 免費 ➡ 搭乘地面電車#301、#501在Queen Street West上的Augusta Avenue下車 http bit.ly/1KmzgD9 MAP P.115

世界上最酷的街道

海馬老爸 👍

West Queen West

低矮的3層樓高建築綿延街道兩側，新塗裝鮮豔的房子與磚紅老屋相鄰。West Queen West曾被Vogue雜誌譽為「全世界最酷的一條街」，一棟棟看似陳舊頹廢的老房子，卻深藏了全多倫多最具創意、雅痞的店鋪。這裡匯集了2間精品旅館、著名的Trinity Bellwoods Park、無數的個性商店、餐廳以及咖啡館。古董家具、文青精品店、家飾店群集，堪稱藝術一條街。City TV電視台坐落在此街上，偶爾封街進行節目拍攝，總引來附近商家以及居民的抱怨；但也正因電視台在這裡，能目睹眾多明星、名人在此街區穿梭，也是因禍得福。

✉ 介於Bathurst Street和Gladstone Avenue的Queen Street West ☎ (416)820-2727 ➡ 搭乘地面電車#301、#501在Queen Street West上的Spadina Avenue下車 http westqueenwest.ca MAP P.115

1.街頭變電箱可愛的彩繪／2.低矮但各具特色的舊建築／3.街道電線桿上的裝置藝術

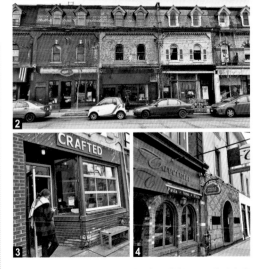

 來頓義大利料理配足球賽

小義大利區
Little Italy

在College Street街上，食物的香氣向你襲來。1920年代不少義大利移民落腳於此，紛紛開起日常生活用品店予以參觀，該街區被稱為小義大利，也是北美第一條義大利的名人大道（Walk of Fame），紀念眾多在加拿大發光的義大利裔的演員與球星。街道旁的酒吧隨時播放著足球賽，老闆和客人的話題總離不開這項義

大利人最狂熱的運動。不管是用餐或是來此區逛街購物，離開前記得去已成小義大利區象徵的Café Diplomatico喝杯咖啡。幸運的話，還可以看到電影在此開拍，當個入鏡的路人甲。

1.爽脆的義式甜點：鹽味焦糖布朗尼餅乾／2.2樓以上斑駁仍在，1樓屋舍已改成店鋪／3~4.各式義大利餐廳和咖啡館

✉ College Street介於Shaw Street與Bathurst Street之間的街區 ☎ (416)227-8040 ➡ 搭乘地面電車#506在College Street上的Euclid Avenue下車 http tolittleitaly.com MAP P.115

 體驗葡式風情　**1**

小葡萄牙區
Little Portugal

不像小義大利區雲集了眾多義式餐館或酒吧，小葡萄牙區的葡式店鋪並不多，而是以眾多葡裔居民群聚而聞名。即便如此，在多倫多想吃到正宗的葡萄牙菜，來本區的Beaconsfield Village就對了。Venezia Bakery是其中最不能錯過的一家，蛋塔、葡式三明治等甜點琳瑯滿目。

這裡聚集了上個世紀50～70年代移居來這裡的葡萄牙移民以及其後裔，在街頭巷尾常見葡萄牙文化特有的花紋青磚。每年6月10日葡萄牙國慶，小葡萄牙區舉辦慶典活動，居民穿上傳統服飾，上街參加遊行，好不熱鬧。

1.葡式蛋塔是Venezia Bakery最歡迎的甜點／2.Camoes Square是小葡萄牙區重要的地標，有著葡萄牙貴族的徽章／3.Venezia Bakery是道地的葡萄牙糕餅烘焙店／4.區內老舊房子有著人臉，看著一代代葡裔居民在此生活

✉ 介於Lansdowne Avenue與Ossington Avenue之間的Dundas Street West ☎ (416)540-6750 ➡ 搭乘地面電車#505，在Dundas Street上的Ossington Avenue下車 http www.facebook.com/littleportugalbia MAP P.115

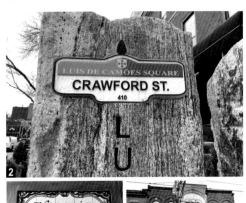

四季景色絕美的後花園

高地公園
High Park

海馬老爸

1.沿著Colborne Lodge Drive盛開粉白色的美國曙櫻(圖片來源：Jeromy Sun)／2.Grenadier Pond岸邊綻放的櫻花樹(圖片來源：Jeromy Sun)／3.楓葉花圃廣場是遊客野餐、日光浴的好去處／4.騎車累了，就在池塘邊喘口氣／5.Grenadier Pond池畔楊柳邊樹蔭好乘涼／6.受家庭族群喜愛的公園載客小火車／7.高地公園綠地廣大，是多倫多的綠肺之一／8.公園內嬌豔欲滴的關山櫻

1836年一位土地測量師John George Howard買下一塊位於多倫多西方的土地，因為地勢較高，命名為高地公園。多年後將該地捐給市政府，經多次的擴展，目前高地公園占地161公頃，每年超過100萬人造訪。從市中心搭乘地鐵只需30分鐘即可抵達，每當假日湧入前來野餐或散步的人潮，已成為多倫多區民最受歡迎的後花園。

公園內一年四季都有好風景：夏季裡野餐烤肉的人們擠滿公園內綠地；秋色降臨時，園內一片金黃，浪漫數公里。但是最著名的是春天的櫻花季，多款櫻花從4月底陸續綻放，潔白的美國曙櫻沿著Colborne Lodge Drive盛開，將步道兩側染白；5月上場的是八重櫻，桃紅色的花樹站滿Grenadier Pond旁的綠地。春季裡賞櫻，高地公園是多倫多市的唯一選擇。

公園西南側緊鄰Grenadier Pond，地勢高低起伏，景色多元。最著名的景觀，該屬公園內巨大的楓葉造景，綠茵自圓形的花圃向外延伸，寬闊的草地可容納上萬人。除了公園綠地，

這裡也是居民運動和休閒中心，游泳池、網球場、健身步道、玫瑰花園等設施齊備。

柯本木屋(Colborne Lodge)是一座俯瞰安大略湖的維多利亞風格歷史建築，落成於1836年，由高地公園捐贈人John George Howard為了愛妻所建，目前保持著150年前的原貌供人欣賞。高地公園動物園(High Park Zoo)是一座小型的動物園，雖然園區比多倫多動物園小得多，但是豢養許多大型動物如美洲野牛、駱馬、孔雀、巨型豚鼠、麋鹿等，頗具規模，可看性高。動物園全年對外開放，不收門票。

每年夏天，《高地公園之夢》(Dream in High Park)是將莎士比亞舞臺劇搬至公園內演出的免費戲劇表演。多倫多市民們扶老攜幼，在舞臺前草地上鋪好毯子，好好吃一頓野餐，日落後享受一場場戶外的藝術饗宴。

✉ 1873 Bloor Street West, Toronto, ON M6R 2Z3 📞 (416)338-0338 💲 免費 ➡ 搭乘地鐵#2在High Park站下車 http www.highparktoronto.com 🗺 P.115

美洲野牛是動物園裡最吸睛的動物

比狗還大的豚鼠是高地公園動物園的嬌客

 氣氛最chill的露天市集

史塔克貨櫃市集
Stackt Market

逛膩了沉悶的百貨公司？想要一個氣氛活潑，有逛有買又有得吃的地方，到多倫多史塔克貨櫃市集準沒錯！踏入市集大門，120個黑色貨櫃整齊堆疊，貨櫃外表塗裝著當地藝術家的彩繪，高高低低營造出趣味的空間。原本是屬於市政府的廢棄空地，在私人企業承租和經營下成為市內最有活力的商業休閒空間。

數十家店鋪隱身於貨櫃，遊客穿梭其間仿如迷宮，挖寶般地搜尋著服裝、首飾、文創商品。逛到餓了也不必擔心，有冰淇淋、壽司吧、墨西哥塔可餅等美食小鋪在一旁伺候。整個市集裡最受歡迎的，應該就是小型精釀啤酒屋Blue Moon Brewery了！所有啤酒飲料都是在現場小批量釀造，風味清新可口。點一份辣雞翅、兩杯啤酒，坐在戶外露臺用餐區，放眼欣賞不

遊客穿梭在貨櫃間的店鋪

甜甜圈和冰淇淋店是市集裡最受歡迎的小吃

黑色的貨櫃與鮮豔的塗鴉是史塔克貨櫃市集的經典形象

遠處的CN塔和城市天際線，這是全多倫多最chill的用餐地點。

✉ 28 Bathurst St，Toronto，ON M5V 0C68 ☎ (416)595-5900 ⏰ 市集入口：週二～日09:00～23:00，商店街：週二～日12:00～20:00 ㊡ 週一 💲 免費 ➡ 搭乘街車#511在Bathurst Street站，或是公車#307在Bathurst St at Niagara St站下車 http stacktmarket.com MAP P.115

精釀啤酒廠前的戶外用餐區既可用餐又可日光浴

 百年工廠化身的文創中心

列治文401文創中心
Richmond 401

從熱鬧的Spadina Avenue轉進Richmond Street West，一幢被綠葉覆蓋的4層樓磚紅建築映入眼簾，綿延近一個街區，斑駁的外牆會讓人誤以為是某個陳舊的工廠建築，它的前身其實就是工業大樓。Macdonald Manufacturing Company在1884年造了這間製磚工廠，20世紀初轉為罐頭加工廠，但因工業技術更迭，工廠於1967年關閉，直到1994年大樓被知名建築師事務所Margie Zeidler買下，才有了新生命。一開始僅有個位數的工作室入駐，如今列治文401文創中心容納了畫廊、畫室、媒體公司、雜誌社和商鋪等100多個租戶，是多倫多市最著名的藝術家聚集村落。

除了逛藝廊、畫室，跟駐站的藝術家聊天，還可以到各具特色的商店逛逛。Swipe Books是家讓人眼花撩亂的藝術書店，有各種廣告、平面、建築設計的書籍，琳瑯滿目的文具和文創小物更是讓人愛不釋手。一樓的Dark Horse則是當地知名的咖啡館，提供每日現做的甜點和達人手烘的咖啡。離開前，別忘了走一趟空中庭園。偌大的頂樓布滿了植被，散落在遮蔭的涼亭之間，為古舊的建築帶來翁鬱綠意。 沿著戶外的鑄鐵樓梯而下，便進入隱身大樓中庭、桃花源般的空間，再穿過一旁的窄門，外面便是車水馬龍的街道，彷彿從歷史走回現代。

妝點公共空間的藝術家創作雕塑

✉ 401 Richmond Street West，Toronto，ON M5V 3A8 ☎ (416)595-5900 ⏰ 週二～六11:00～18:00 ㊡ 週一、日 💲 免費 ➡ 搭乘街車#510在Spadina Ave at Richmond Street West站下車 http www.401richmond.com MAP P.115

古樸磚造工廠建築的Richmond 401背後襯著多嶄新的玻璃帷幕大樓

不論是頂樓、外牆或是中庭，都種滿植栽，綠意盎然

①

夏季尾聲的壓軸盛大慶典。

　　加拿大國家博覽會(Canadian National Exhibition，簡稱CNE或The Ex)，是多倫多夏季尾聲最盛大的一個慶典活動，舉辦時間從8月的第三個週末起持續到9月初的勞動節週末止，為期18天。每年吸引超過150萬人參加，活動規模之大，在北美排名第5，在加拿大則是稱冠，無人能出其右。

　　首屆CNE舉辦於1879年，當年的活動主要是宣揚加國農業的發達以及科技的發展。隨著時代的推進，雖然農業和科技的展覽仍是該活動的重點，但加入了更多元的文化、娛樂、購物、美食等主題，所舉辦的場地Exhibition Place占地廣大，如果要仔細遊玩，一整天都不夠。CNE已經成為大多倫多地區最重要的慶典，父母陪伴年幼的子女、年輕人呼朋引伴前往狂歡，是當地人結束夏天的例行儀式。

CNE活動重點：

● 開幕式及遊行：活動首日上午10:00，在Princes' Gates前舉行開幕典禮，並以遊行為18天的活動拉開序幕。

● 戶外遊樂園：種類多樣、驚險刺激不輸一般遊樂園的大型設施，諸如半空纜車Sky Ride、摩天輪、大怒神、海盜船、旋轉木馬等等。

- 數位遊戲館：多項電玩、數位相關的競賽活動，包含子彈檯遊戲競賽、AI新創展、初代機器人組裝競賽，以及最受矚目，獎金高達2.2萬加幣的Esports Competitions。

- 購物區：CNE園內有數個場館，如Arts、Crafts & Hobbies、Shoppers Market和Warehouse Outlets，滿足遊客血拼的慾望。小從手作商品，如手工皂、手繪卡和飾品，大到按摩浴缸、戶外家具、遊艇等，商品琳瑯滿目。

- 靜態展覽館：新創農業技術展，以及每年不同主題的科技展。

- 美食區：美食絕對是CNE最重要的一部分！來自世界各地的美食應有盡有，不論是日本料理、泰國菜、台灣小吃、希臘菜、埃及街頭小食，或是加勒比美食等，共有超過130個餐車或美食攤位。除此之外，室內的美食廣場Food Hall空間寬大，提供了數百個用餐座位。

- 經典活動：包含馬上騎術表演的HorseCapades、真人融合虛擬動畫的體操表演Cirque-Tacular Spectacular、無人機秀、賭場，以及超過70年歷史的飛機空中分列式表演Air Show。

- 兒童歡樂區：專屬兒童的小型遊樂園、可愛動物區The Farm，以及貓咪和毛小孩的表演秀Cat Show & SuperDogs。

✉ 210 Princes' Blvd，Toronto，ON M6K 3C3 ☎ (416)263-3330 ⏱ 活動期間：週一～日10:00～00:00 💲 一日券：大人加幣$25，老年人、孩童(4～15歲)加幣$20，4歲以下幼兒免費，家庭套票(2大2小或1大3小)加幣$75。當日任意搭票：成人加幣$69.25，老年人、孩童加幣$64.25 ➡ 活動期間CNE提供接駁巴士專車，在Dufferin站及Dufferin Gate Loop之間開出。搭乘GO Transit在Exhibition站下車，或搭乘街車#504B在Dufferin Gate Loop站，或#511在Exhibition Loop South站下車 🌐 www.theex.com 🗺 P.115

1.Sky Ride是不容錯過的半空纜車，搭乘其上可以俯瞰CNE全景／2.CNE舉辦的Exhibition Place入口歐風十足，氣勢非凡／3.戶外的美食攤位接連不斷，匯聚了全多倫多最知名的餐車／4.園區裡的遊樂設施多達數十種，是年輕人和小孩的最愛／5.Food Building容納了近50攤的小吃，用餐時刻座位一位難求

多倫多東區
East Side

(圖片來源：Tourism Toronto)

多倫多東區的範圍十分廣闊，一般通指西起Jarvis Street，南至安大略湖，北以Bloor Street為界，東達Don River以東的East Danforth社區。

交通
對策

地鐵#2在本區停靠4個車站，地面電車#501、#504、#505、#506皆可抵達本區。

歷經幾次市政區域的整併，廣大的多倫多東區包含了多樣的地貌、古老的城區，以及文化鮮明的族裔小區。

1850年，英國的移民最早到達此區。直到1888年，此區不過是個距離多倫多市區極遠，人口只有800人的一個小聚落。二十世紀初，本區被劃入多倫多市，人口暴增至8,000人，此後快速發展。除了為數眾多的住宅區，區內布滿大大小小的公

甘藍鎮建築與雕塑巧妙搭配的設計

長青舊磚廠高聳的煙囪曾是磚窯開工的象徵

園，如：Riverdale Park、 Withrow Park、Greenwood Park、Jimmie Simpson Park、Kew Gardens、Beaches Park等等。商業活動則集中在Queen Street East、Gerrard Street East、Danforth Avenue等街道，各種商店、餐廳林立。

多元族裔小區在此展現魅力：號稱小希臘區的希臘鎮(Greektown)是北美洲最大的希臘裔群聚，熱鬧的街區沿著Danforth Avenue一路向東，是本區最有朝氣的市容。由於地鐵穿越此區，除了當地居民外，也帶來大量的遊客。每年8月分為期兩天的希臘美食節(Tastes of the Danforth)就有上百萬人前來共襄盛舉，把Danforth Avenue擠得水洩不通。

甘藍鎮(Cabbagetown)是一個歷史超過100年，由愛爾蘭後裔興建的沉靜小鎮。沿著商店夾道的Parliament Street兩旁綠樹夾蔭，隨處可見古老的維多利亞式建築。路上人們閒適地散步著，一點也沒有被幾條街外多倫多大都會忙碌的步伐影響。

萊斯里村(Leslieville)是本區的瑰寶，匯聚了許多的藝廊、古董二手貨商店，以及知名的餐廳。小印度區(Little India)與東唐人街(East Chinatown)呈現完全不同的氛圍——兩個小區都是沿著Gerrard Street East，前者充滿南亞風情，到處可見印度寶萊塢電影的海報、照片；後者一樣是群聚中式餐廳與南北貨商店，卻比市中心的唐人街多了份安逸的氣息。

喜愛沙灘陽光的人，鐵定不能錯過海灘區(Beaches)。綿密的細沙沿著安大略湖岸延伸，即便不靠海，也一樣有熱帶氣息。夏季裡沿著沙灘旁的木板棧道散步，進行日光浴，或是到街邊的酒吧來杯小酒，是大多數城市居民逃離水泥叢林，紓解都會壓力的好去處。

希臘鎮
Greektown

希臘鎮又稱The Danforth，是以20世紀初設計多倫多市Queen Street的工程師Asa Danforth Jr.為命名，是多倫多東方最熱鬧的商圈之一。第一次世界大戰後大量希臘人移民至此，希臘相關的商家、餐廳如雨後春筍出現，成為獨樹一格的商圈。此處希臘裔比例高，約莫有10萬個希臘後裔居住於此。

Danforth Avenue是本區主要街道，西接Bloor Street Viaduct，東行直達士嘉堡區。街道綿延90個街區，總長約10公里，兩旁林立希臘餐廳、中東肉鋪、希臘教堂。1919年落成的Danforth Music Hall是歷史悠久的音樂戲劇劇場，知名歌手如詹姆士布朗(James Brown)以及警察合唱團(The Police)都曾在此演出。

每年8月中旬舉辦的希臘美食節是本區的年度盛事。這個活動源起1994年，目的是推廣希臘美食與文化。活動為期3天，從Broadview Avenue到Jones Avenue之間1.6公里的Danforth Avenue被封街開辦派對，希臘相關以及各種國度的美食攤位綿延不絕，兒童遊戲區、音樂舞臺、舞蹈表演、街頭曲棍球，甚至攀岩都在街頭熱鬧展開。2015年的希臘美食節吸引了近150萬人的參與，成為北美最大的族裔慶典活動。

> ✉ Chester Avenue 和 Dewhurst Boulevard之間的Danforth Avenue ☎ (416)496-5634 ➡ 該區域廣大，搭乘地鐵#2在Broadview, Chester或Pape站皆可下車 http greektowntoronto.com MAP P.125

1.希臘美食節封街的露天音樂會吸引民眾駐足欣賞／2.Madinah Masjid清真寺／3.Holy Name Catholic Church是希臘鎮重要的天主教堂／4.Danforth Avenue是活動主街，慶典期間人潮滿滿／5.街邊小吃攤的希臘烤肉串四處飄香

① **②** **③**

 磚窯工廠化身為文創區

海馬老爸

長青舊磚廠
Evergreen Brick Works

1889年Don Valley Brick Works開張，展開砂土開採以及製磚業。100多年來，每年生產4,300萬塊磚，為許多多倫多著名建築如卡薩・洛馬城堡、奧斯古大廳等供應建築材料。1980年磚廠關閉，磚廠被改成一座生態中心與磚窯博物館。

約與足球場一樣大的室內舊磚廠保留數座舊式磚窯，除了展現製磚歷史，還經常舉辦大型活動。平日為生態與歷史教育中心，舊磚廠到了週末假日搖身一變成為農夫市集，春夏秋三季各自有不同的農產品，如乳酪、各種口味的蜂蜜、莓果等等，吸引無數多倫多市民前來採購在地的蔬果產品。

Weston Family Quarry Garden是舊時巨大的採石坑填平後，改成的休閒公園，包含了草原、森林以及3個池塘。由於水土保持得當，眾多水鳥在此繁殖居留，公園成了民眾賞鳥的好去處。綠意盎然的公園地表高低起伏，頗適合健走練腳力；東首有一小丘，登上丘頂是瞭望台，向南望可遙見多倫多的市容，加拿大國家電視塔隱約可見。

Café Belong是廠內的咖啡館，提供有機的咖啡以及餐點。離開舊磚廠前不妨前往禮品店逛逛，眾多的園藝商品、與廠區相關的創意小物頗受遊客的喜愛。

④
⑤

2009年國家地理雜誌將長青舊磚廠（Evergreen Brick Works）提名為「全世界10大環保旅遊景點」，不難見到多倫多市政府在同步發展環保與悠閒旅遊的用心。

✉ 550 Bayview Avenue, Toronto, ON M4W 3X8 ☎ (416)596-1495 🕐 週一～五09:00～17:00，週六08:00～17:00，週六、日10:00～17:00 休 無 $ 免費 ➡ 搭乘TTC #28 Bayview South，在Evergreen Brick Works站下車 🌐 www.evergreen.ca/evergreen-brick-works 🗺 P.125

1.從瞭望台遠看多倫多市區，國家電視塔清楚可辨／2.平日有藝術家駐站的工作坊到了假日成為特色小店／3.Koerner Gardens是個拆除屋頂的廢棄廠房，成為半開放的展演空間／4.廢棄的磚窯廠搖身一變，成為藝術展場CHR Gallery／5.百年前原為採砂石坑，目前化身荷葉連連的水塘

多倫多的都市沙灘生活

舞濱沙灘
Woodbine Beach

　　與其說海灘區是多倫多的一個社區，還不如說是一個水岸度假村。夏季裡，成千上萬的多倫多人擠滿了此區3個沙灘：Balmy Beach、Kew Beach，以及Woodbine Beach。其中Woodbine Beach占地廣大，砂質細軟，是多倫多居民夏日戲水、日光浴的首選沙灘。

　　3.5公里長的海邊棧道(Boardwalk)依著安大略湖延伸，是最佳的散步路線。Kew Gardens的戶外水池，在夏季裡是滿滿的兒童戲水聲，冬天是溜冰熱門地點。7月最後一個週末在Kew Gardens舉辦的海灘區國際爵士節(Beaches International Jazz Festival)是多倫多爵士樂的盛會，每年吸引8萬人前來參加。

1.Woodbine Beach是日光浴愛好者的天堂／**2.**Balmy Beach沙灘上搶食的海鷗／**3.**Bellewoods的精釀啤酒屋
(2～3圖片來源：Tourism Toronto)

> ✉ 西至Woodbine Avenue，東達Victoria Park Avenue，北至Kingston，南抵安大略湖之間的區域
> 📞 (416)693-2242 ➡ 搭乘地面電車#301、#501至Queen Street East的Bellefair Avenue站下車 🌐 thebeachvillage.com 🗺 P.125

古色古香的維多利亞建築

海馬老爸

甘藍鎮
Cabbagetown

　　位於Don River西側，甘藍鎮這個以蔬菜為名的逗趣名稱其實有著傷痛的歷史。1840年代愛爾蘭移民定居此處，為當年全市最貧窮的區域。因為家徒四壁，居民只好在屋前的空地大量種植甘藍菜，種植面積之大，成為該地的特色，人們因以之命名。

　　時移事遷，當年赤貧的區域如今已經翻身，成為高級的住宅區。區域內古老的維多利亞式建築被妥善保存，建築數量極多，已成為北美洲最多維多利亞建築的城市。經過百多年來的發展，愛爾蘭人已經不是該區最大的族裔，亞裔、中東地區的移民大量搬遷至此，落地生根，甘藍鎮因而成為市內種族最多元的區域之一。

　　本區最熱鬧的商圈集中在Parliament Street和Carlton Street路口的附近，商店、餐館群集。Parliament Street與Gerrard Street之間的街道上，形形色色古色古香的維多利亞建築每三五步就有一棟，每一棟前都有歷史古蹟的標示牌，散步其間猶如穿梭時空，回到200年前。

1.

Don River旁的Riverdale Park是甘藍鎮居民的綠肺，公園裡的Riverdale Farm曾是19世紀多倫多動物園的所在地。1978年改為農場，一座已有百年歷史的穀倉自萬錦市搬遷至此，古意盎然。園內禽畜動物眾多，全年對外開放。

如果夠大膽，不妨前往Riverdale Park附近的奈克羅波利斯墓園(Necropolis Cemetery)，墓園旁建於1872年的教堂是少有的新哥德式(Gothic Revival)建築。甘藍鎮以北的聖詹姆士墓園(St. James Cemetery)擁有典雅的教堂，是多倫多最古老的墓園。

每年9月第一個週末是甘藍鎮嘉年華(Cabbagetown Festival)，為期兩天的活動將Parliament Street和Carlton Street封街，慶祝這個歷史小鎮的生日。超過100個攤位在道路兩邊設立，舞臺上藝人賣力演出，街邊隨時有載歌載舞的表演，兒童快樂地在臨時搭建的遊樂場玩耍，嘉年華會證明這個老鎮歷久彌新。

✉ 237 Carlton Street, Toronto, ON, Canada ☎ (647)921-0857 🚋 搭乘地面電車#509至Carlton Street上的Parliament Street站下車 🌐 cabbagetownto.com 🗺 P.125

1.甘藍鎮以優美的壁畫歡迎訪客到來／**2~3.**Parliament Street和Carlton Street交叉口是甘藍鎮最熱鬧的地段／**4~5.**各種風貌的維多利亞式建築／**6.**咖啡館店名頗具科技感，是該商圈最受歡迎的社區咖啡館／**7.**大型的變色龍盤據在寵物店牆壁，吸引目光的做法創意十足

東區唐人街
East Chinatown

沿著Gerrard Street East東行，跨過Don River之後的街區瀰漫著濃厚的亞洲風：街頭華人商店密集，1公里外的街尾則飄著咖哩味的印度商圈。

1970年代，因為多倫多市中心唐人街急遽發展，人口過度增長且屋舍不敷使用，部分華人移居至Riverdale區域的Gerrard Street一帶。該區華人日增，不久後華埠街廓便成形，為與市中心的唐人街區隔，Broadview Avenue與Carlaw Avenue之間的Gerrard Street East被稱為東區唐人街。

街道上中式雜貨店、中餐廳、港式海鮮餐廳、台式珍奶店和越南餐館比鄰，中文招牌處處可見，雖然商圈規模不大，但卻有著市中心唐人街所沒有的中式牌坊，一旁的Riverdale Park East公園裡還矗立著加拿大少見的孫中山銅像。

1.名為「中華門」的中式牌坊就立在東區唐人街的入口處
2.Gerrard Street街上林立著一家又一家華人與越南餐廳

✉ Broadview Avenue與Carlaw Avenue之間的Gerrard Street East ◷ 週一～日10:00～17:00 休 無 ➡ 搭乘街車#506或公車#506C、#306在Gerrard St East @Broadview Ave站下車 http www.blogto.com/eastchinatown MAP P.125

小印度區 Little India

介於Greenwood和Coxwell Avenue之間的Gerrard Street是印度裔的天下。在20世紀初這區原本是英格蘭和蘇格蘭移民居住的地方，80年代南亞裔陸續移入，自成一特殊商圈。此處匯集了印度裔開設的珠寶服飾店、樂器行；也有各種巴基斯坦、印度、尼泊爾和斯里蘭卡風味餐廳；書店裡找得到最道地的巴基斯坦和寶萊塢音樂和影片，被稱為「印度市集(Gerrard India Bazaar)」一點也不為過。

每年7月底在此舉辦的Festival of South Asia

是場集南亞音樂、美食、舞蹈表演等大型慶典活動，2天的活動吸引超過25萬人參加，是加拿大東部最大的南亞文化活動。

1.印度餐廳與牆上的南亞風格彩繪／2.就算來到北美，印度人算命和看面相的習慣仍然流行／3.小印度區最常見的商店是印度傳統服裝店

✉ 1426 Gerrard Street East，Toronto，M4L 1Z6 ☎ (416)465-8513 ◷ 週一、週三～日09:00～14:00 休 週二、元旦、聖誕節 ➡ 搭乘街車#506或公車#506C、#306在Gerrard St East @Woodfield Rd站下車 http gerrardindiabazaar.com MAP P.125

從斷崖上俯瞰湖上社區

多倫多近郊景區
Toronto's Neighborhood

萬錦廣場 📷 ⓘ 愉人村小鎮
First Markham Place　Unionville

多倫多動物園
Toronto Zoo

阿迦汗博物館
Aga Khan Museum

士嘉堡斷崖
Scarborough Bluffs

多倫多
Toronto

大多倫多地區幅員廣大，除了南面為安大略湖所阻，東、北、西三面各與其他城市接壤，有各自城鎮的風貌，或深入大自然，呈現與水泥叢林不同的景色。東方的士嘉堡屬於多倫多最東的行政區域，不但居民族裔眾多，文化多元，沿湖的風景也不同於市中心。萬錦市位居多倫多東北方，匯聚不少華人，儼然成為新興的亞洲美食城。

愉人村裡散發歐洲風味的老鎮氣氛

萬錦廣場

士嘉堡斷崖
Scarborough Bluffs

士嘉堡斷崖位於多倫多東邊士嘉堡區的湖邊。18世紀末法國人給它一個名字：Les Grands Ecores，意即「偉大的地貌」。斷崖全長15公里，最高處90公尺，崖頂大多隱身樹叢或長草中。斷壁處裸露垂直石灰岩土壁，是上一次冰河時期地表變動所隆起，數萬年來被安大略湖一寸寸侵蝕，成為如今樣貌，是地理學研究地球年齡的重要資料。由下往上觀看，灰白泥土相間，白天與黃昏日落時色澤變化極大，與高雄月世界的土坡極為相似。

斷崖湖岸一共有9個公園，布洛弗斯公園(Bluffers Park)是唯一一個有沙灘的公園。沙灘旁土地向湖中延伸，將湖水圈成濱水社區，綠意扶疏，頗有江南水鄉的風景。若想一覽斷崖與沙灘的風景，崖上的公園是最佳觀景點。

鑒於安全的考量，前往崖邊的步道被市政府以木柵欄封鎖，一旁立著警告牌。若穿過柵欄，撥開濃密的樹叢，順著明顯的步道，即可到達視野遼闊的崖邊。面前安大略湖寬廣無邊，崖下的遊艇俱樂部與民宅排列在湖水中，彷彿來到杜拜的棕櫚島。

因為土石鬆軟，崖邊站立的危險性極高，不建議前往崖邊賞景。

✉ 52 Bluffers Park, Scarborough, ON M1M 3W3
☎ (416)392-8188 💲 免費 ➡ 開車前往，或搭乘地鐵#2，在Victoria Park站下車，轉乘公車#12、#20在Kingston Road上的Ridgemoor Avenue下車，步行前往Catherine Park http bit.ly/2PrAsv5 MAP P.131

1.山崖下的Bluffers Park樹綠水藍／2.陽光下斷崖散發潔白的色澤(圖片來源：Tourism Toronto)／3.能抵達斷崖頂端的公園／4.斷崖步道十分蜿蜒，在樹叢間拐個彎，湛藍海景驀然出現

 加拿大最大的動物園

多倫多動物園
Toronto Zoo

多倫多動物園位於士嘉堡，占地287公頃，棲息500個物種，5,000隻動物，是加拿大最大的動物園。園區廣袤，得步行10公里，花上一整天的時間，才能看完所有動物。

園內依照全球生物分布生態，分為7個地理區。為了讓動物健康生長，每個區域都還原該區動物的天然棲息地，並聘請專業的營養師為動物的健康把關。

園內的鎮園之寶是2013年入住的一對熊貓，是園內最知名的動物。在發現區(Discovery Zone)，兒童可以與小動物互動，或是在露天的水岸戲院(Waterside Theatre)，近距離觀賞羊駝、雪貂、犀鳥等稀有動物。每年5～8月，園方

動物園的大門

舉辦Serengeti Bush Camp，讓父母與孩童(6歲以上)夜宿動物園，體驗與動物共眠的特殊經驗。

✉ 2000 Meadowvale Road, Toronto, ON M1B 5K7 ☎ (416)392-5929 ◷ 週一～日09:00～19:00(開放時間因季節不同，請至官網查詢) 休 12/25 💲 一般(13～64歲)加幣$36.45，老年人(65歲以上)加幣$30.98，幼兒(3～12歲)加幣$25.52(以上須另加稅金)，2歲以下幼兒免費。適用Toronto CityPass套票 ➡ 搭乘地鐵#2在Kennedy Station站下車，轉乘公車#86A直達動物園 http www.torontozoo.com MAP P.131

🍴 多倫多郊區亞洲美食城

萬錦廣場
First Markham Place

雖然多倫多市擁有兩個市中心以及東區新唐人街，中式餐廳摩肩擦踵，但北方萬錦市(Markham)已有後來居上的趨勢。萬錦廣場是一個以亞洲人為主的商場，開幕於1998年。雖然商場內近170間店鋪提供了附近大量華裔居民的生活所需，擁有20多間小吃店的美食廣場以

及外圍的23家餐廳和冷飲店，每天上千個食客上門用餐，才是該商場最吸引人之處。不論是港式或台式餐點、北方辣鍋、珍珠奶茶等，味道比起多倫多唐人街，一點也不遜多

讓。忠記港式燒臘的油雞、東之韵的新加坡式肉乾、華林小廚的枝竹羊腩煲等，都是不容錯過的美食。

▲忠記的叉燒肉厚但不乾柴

萬錦廣場小吃街網羅大江南北美食

▲魚肉燒賣太受歡迎，廚師經常邊做邊賣

✉ 3255 Hwy 7, Markham, ON L3R 3P9 ☎ (905)944-1629 ◷ 週一～六11:00～20:00，週日12:00～20:00 休 12/25 💲 免費 ➡ 在Finch TTC公車站搭乘Markham YRT公車#1，前往Markville，在First Markham Place下車 http www.firstmarkhamplace.com MAP P.131

133

海馬
老爸

愉人村小鎮
Unionville

踏入多倫多北方萬錦市這個18世紀末發展成的小市鎮，眼前所見是煤氣街燈和古老的房舍，時光彷彿倒回了200年前。濃厚的歐風建築群吸引眾多遊客，遂成為大多倫多市郊最著名的景點之一。

1790年代起，德裔移民是最早在此墾地生根的居民。1841年，來自美國的艾拉懷特(Ira Allen Whit)在紅河沿岸一帶開設聯合磨坊(Union Mills)，鎮名Unionville大概就是源自此磨坊。

漫步在愉人村的街道，時間彷彿放慢了一倍。從小鎮的Station Lane和主街Main Street路口，目前已轉作社區活動中心的老火車站出發，一路向北，每隔幾個街口就可見綠意公園，街道兩側是各種形式、有著優雅木造屋簷的紅磚英式建築，目前已作為食肆、商店、咖啡館等。

Unionville Planing Mill是一棟深紅色的木造穀倉建築，原為水車磨坊，現已退役改為花店和NextDoor餐廳；不遠的Millennium Square有著寬大的廣場，除了週日有農夫市集，每年6月第一個週末會舉辦為期2天的音樂活動Unionville Fesitval，總是人山人海；Old Firehall Confectionery真如其名，保留了舊日的消防局建築，現在是繽紛的糖果店；Il Postino餐館的義大利麵和披薩遠近馳名；Jakes on Main是一間1907年老屋所改建的餐廳，有露天庭園，平日午後總是坐滿來此享用英式炸魚片和啤酒的老顧客。

續往北行離開愉人村鬧區後，左轉進入Carlton Road，不久就抵達圖谷德湖(Toogood Pond)，是以1840年的移民圖谷德家族命名，原是附近水車磨坊的動力來源。綠樹環繞小湖，鳥魚群聚，生意盎然，環湖散步一圈不過30分鐘，為造訪愉人村的行程畫上完美的句點。

1.愉人村的街道還保留著古老悠閒的氣氛／2.舊時消防局如今已成為糖果店／3.路旁偶遇專注演奏提琴的雕像／4.圖谷德湖是夏季散步消暑的好去處

✉ 166 Main St Unionville，Markham，ON L3R 2G9
☎ (905)477-0117 ⏰ 週一～日10:00～17:00 🚫 聖誕節
➡ 開車循7號公路轉入愉人村Main Street，或循407高速公路轉3號公路北行至Unionville Gate；搭乘Viva公車藍線和紫線、GO火車，在愉人村下車 🌐 unionville.ca 🗺 P.131

摩登與傳統並存的博物館

阿迦汗博物館
Aga Khan Museum

從踏進庭院大門那一刻起，你絕對會愛上這間博物館！開幕於2014年，阿迦汗博物館是一座伊斯蘭教文物館。阿迦汗四世，是伊斯蘭教什葉派的伊斯瑪儀派(Shia Ismaili Muslims)現任最高精神領袖，也是這座博物館的推手。著眼於世人對伊斯蘭教的陌生，博物館的任務就是透過古老波斯地區的文物展覽，以及現代伊斯蘭教的活動，為世人與回教世界搭起一座溝通的橋梁。

博物館本身的建築是觀賞的重點。硬體設計由普立茲克建築得獎者、日本建築師槇文(Fumihiko Maki)操刀。占地1萬平方公尺，區分為庭園區、博物館主建築和作為聚會場合的伊斯瑪儀中心。在建築師的巧妙設計下，利用原有的地景高低差創造出優美的綠意水池庭園；主建築融合了日式極簡與伊斯蘭風格，覆蓋以純白的花崗岩，簡潔俐落的線條勾勒出一座現代化的神聖殿堂。室內空間則大量引入自然光，中庭的四壁大膽採用玻璃牆幕，整個博物館明亮空透，更襯托出展品的精緻細膩。

館內擁有兩個主要展廳、一座中型試聽室，以及兩間教室。館藏文物約有1,200件，雖然數量不多，卻件件是精品，涵蓋了近1千年來回教世界的陶瓷、金屬器物、繪畫、書法、建築裝飾、可蘭經副本等。其中最珍貴的是中世紀波斯醫學家伊本西那(Ibn Sina)著作《醫典》的最早手抄本，以及一張《藍色可蘭經》(Blue Qur'an)的經書副本書頁。

✉ 77 Wynford Dr，North York，ON M3C 1K1 ☎ (416) 646-4677 ◷ 週二、週四～日10:00～17:30，週三10:00～20:00 休 週一 $ 成人加幣$20，老年人加幣$15，學生加幣$12，孩童(6～13)歲加幣$10，6歲以下免費 ➡ 搭乘公車#34B、#34C、#100A在Wynford Dr at Garamond Crt站下車 http www.agakhanmuseum.org MAP P.131

1.純白的極簡建築搭配藍天，倒映在前方的水池裡，是該博物館的另一勝景／2.寬敞明亮的博物館彷彿是座現代美術館／3.皮紙可蘭經是館內的經典收藏／4.這些馬賽克磚、石柱柱頭、陶作及鐵件雕塑，都代表伊斯蘭文化的精髓

尼加拉瀑布
與酒莊之旅

尼加拉瀑布
Niagara Falls

從尼加拉河水面遠望美國瀑布和馬蹄瀑布

尼加拉瀑布小檔案

面積：209平方公里
人口：8.8萬(市區)
電話區碼：905、289、365
語言：英語
時區：美洲東岸時間(ET)：
　　　　UTC-5

尼加拉瀑布附近的
克利夫頓山丘招牌

→ 地理位置

尼加拉瀑布位於加拿大安大略省和美國紐約州的交界處。尼加拉河自美國伊利湖以每小時35.4公里的速度，在此跌落57公尺的懸崖，續流進入安大略湖。水流量每秒高達60萬加侖，氣勢磅礡，令人生畏，十分符合Niagara在印地安語裡「雷神之水」的涵義。

尼加拉瀑布實際上是由3座瀑布所組成。這3座瀑布按規模從大至小分別為馬蹄瀑布(Horseshoe Falls)、美國瀑布(American Falls)，以及新娘面紗瀑布(Bridal Veil Falls)。最大的馬蹄瀑布橫跨美國和加拿大的交界處，在加拿大境內得以一窺其全貌。美國瀑布與新娘面紗瀑布皆位於美國境內，前者被山羊島(Goat Island)分隔成兩股瀑布，後者則是被月亮島(Luna Island)隔開。

尼加拉瀑布3座瀑布的總寬度為1,160公

橫跨美加國界的彩虹國際橋

尺，和南美阿根廷與巴西邊界的伊瓜蘇瀑布(Iguazú Falls)、非洲辛巴威以及尚比亞共和國的維多利亞瀑布(Victoria Falls)並列世界三大跨國瀑布。

夏季夜晚瀑布施放煙火秀(圖片來源：Tourism Toronto)

→ 歷史

法國探險家Samuel de Champlain以及其團隊早在1604年就發現了尼加拉瀑布，但此瀑布始終沒能受世人廣知。直到1677年，一位名為Louis Hennepin的比利時傳教士劈荊斬棘前來此處傳教，無意間發現了這個勝景，為其讚嘆不已。記錄了所見所聞，回國後廣為宣傳，尼加拉的盛名因而遍傳歐洲大陸。

在歐美尼加拉瀑布號稱是新人度蜜月的勝地。19世紀初法國皇帝拿破崙的親弟弟結婚後，不遠千里帶著嬌妻前來此地度蜜月，回到歐洲後在皇族親友間逢人盛讚尼加拉瀑布的美景。此後，到尼加拉瀑布度蜜月蔚為潮流。

1812年爆發美加戰爭，美國北上侵略當時仍屬英國屬地的加拿大。戰爭結束後，1819年美加兩國簽下協定，在尼加拉河中線劃定國界，並在瀑布兩側的紐約州與安大略省各建立一座名為尼加拉瀑布城的姊妹市。自此，星條旗與楓葉旗在各自的尼加拉市隔河相望，兩城市由彩虹橋(Rainbow International Bridge)相連。邊境問題塵埃落定，該地區的釀酒、旅遊以及博弈業隨之興起，成為美加邊境最熱絡的城市。

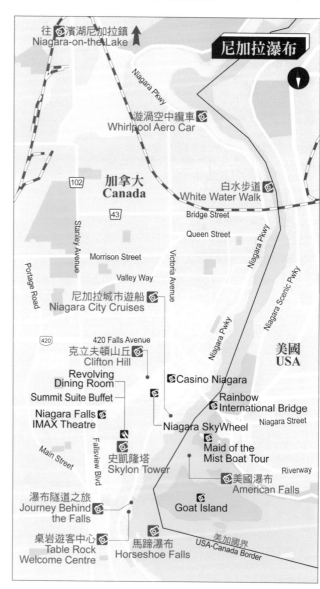

往 濱湖尼加拉鎮
Niagara-on-the-Lake

尼加拉瀑布

Niagara Pkwy

遊渦空中纜車
Whirlpool Aero Car

102

加拿大
Canada

白水步道
White Water Walk

43

Bridge Street

Queen Street

Stanley Avenue

Victoria Avenue

Portage Road

Niagara Pkwy

Niagara Scenic Pkwy

Morrison Street

Valley Way

尼加拉城市遊船
Niagara City Cruises

420

420 Falls Avenue

克立夫頓山丘
Clifton Hill

美國
USA

Casino Niagara

Revolving
Dining Room

Rainbow
International Bridge

Summit Suite Buffet

Niagara Street

Niagara Falls
IMAX Theatre

Niagara SkyWheel

Main Street

Fallsview Blvd

史凱隆塔
Skylon Tower

Maid of the
Mist Boat Tour

Riverway

美國瀑布
American Falls

瀑布隧道之旅
Journey Behind
the Falls

Goat Island

桌岩遊客中心
Table Rock
Welcome Centre

馬蹄瀑布
Horseshoe Falls

美加國界
USA-Canada Border

前往尼加拉瀑布

作為安大略省最重要的景點之一,從美國或是加拿大前往尼加拉瀑布十分便捷。搭乘巴士可直接抵達瀑布景區;若搭乘火車,則必須在火車站轉搭公車前往。汽車自駕仍是最方便的交通方式,不僅可暢遊瀑布景區,更可機動前往附近酒莊區與濱湖尼加拉鎮。

從加拿大搭機

漢米爾頓國際機場(Hamilton International Airport,代碼YHM)位於尼加拉瀑布約70公里處,由西捷航空(West Jet)提供國內航線服務。多倫多國際機場雖然距離瀑布較遠,約1.5小時車程,但優點是航班及航空公司眾多,選擇性多樣。

西捷航空是加拿大主要的國內航空公司之一

從美國搭機

從美國搭機前往瀑布,較方便的是水牛市-尼加拉國際機場(Buffalo-Niagara International Airport,代碼BUF),車程約30～40分鐘。離瀑布最近的是尼加拉瀑布國際機場(Niagara Falls International Airport,代碼IAG),車程約20分鐘,但往來班機較少。

搭乘巴士

往來多倫多和尼加拉瀑布之間的巴士公司有GO Transit、Greyhound、Coach Canada以及Megabus。每家巴士公司每日皆有近10個班次,車程1.5～2小時。

Greyhound
http www.greyhound.ca
Coach Canada
http www.coachcanada.com
GO Transit
http www.gotransit.com

搭乘火車

從多倫多聯合車站搭乘多倫多-紐約楓葉列車(Toronto-New York Maple Leaf Train)前往尼加拉瀑布。雖然該運輸是屬於美國Amtrak系統,但是由加拿大VIA公司負責

營運。夏天旅遊的旺季，GO Transit提供載客火車往來多倫多以及尼加拉瀑布之間。

抵達尼加拉火車站(Niagara Falls Train Station)後需再搭車前往瀑布景區。車站距離景區約4公里，可在車站門口搭乘前往瀑布的公車。若選擇搭乘計程車前往瀑布，車資約為加幣$10～15左右。

尼加拉火車站 ✉ 4267 Bridge Street Niagara Falls, ON

開車

從多倫多開車前往尼加拉瀑布，需時約1.5～2小時(依路況而定)。從美國水牛城前往，需時30分鐘。

若從多倫多皮爾森國際機場出發，選擇高速公路#427 South，接往Hamilton的QEW(Queen Elizabeth Way)，行駛100公里後，靠左併入#420 East，即可直達瀑布。

旅遊Tips

若想從加拿大經由尼加拉瀑布旁的彩虹橋進入美國，從不同角度欣賞瀑布，可參加灰狗巴士公司提供的單日或2日跨境瀑布遊覽行程。持台灣護照旅客須事先取得美國ESTA簽證，才可經由陸路通過美國海關。

票價：灰狗巴士尼加拉瀑布旅遊網站：grayline-niagarafalls.com

當地交通

雖然尼加拉瀑布的景點範圍不大且十分集中，瀑布區與克利夫頓山丘都在步行範圍之內，旅客可以以步行方式暢遊該地區。但部分景點離瀑布較遠，可搭乘景區的觀光巴士，或選擇購買套票景點，省去自行搭車的不便。

步行

如果腳力不錯，步行是旅遊尼加拉瀑布最好的方式。許多景點都在走路可以到達的距離之內，就算走不動了，再以交通工具輔助。

瀑布附近許多景點都附設停車場，通常以次計費，加幣$10可停一整天。如果想省點錢，可將車停在Niagara Casino(靠近Hilton Hotel)的停車場，每次停車加幣$5，不限停留時間。

瀑布探險之旅(圖片來源：Tourism Toronto)

WEGO隨到隨搭公車

若不想以步行遊覽瀑布區，或是要前往較遠的景點，諸如白水步道(White Water Walk)、漩渦空中纜車(Whirlpool Aero Car)、火車站等，不妨選擇搭乘WEGO隨到隨搭公車(WEGO Hop-on Hop-off Bus)。WEGO共有藍、綠、橘、紅4條路線，分別行駛Niagara Parkway、Falls Avenue以及Fallsview Boulevard。車票分24或48小時2種Day Pass，在限定時間內，任你搭乘。除了交通搭乘，WEGO Pass還提供瀑布區部分飯店和零售賣店的優惠折扣。

http www.wegoniagarafalls.com

$	成人(13歲以上)	孩童 (3～12歲)
24小時Pass	$12	$8
48小時Pass	$16	$12

*1. 以上幣別為：加幣。資料時有變動，請依官網公告為準
2. 以上價格已含稅。3. 2歲以下幼童免費

Niagara Transit

這公車是由Niagara Transit Commission(City of Niagara Falls)所營運，路線大多與WEGO系統不重疊，2個系統可互相搭配，網絡更緊密。可於車站或上車時向司機購票。

$ 一日任乘票券城市內：加幣$7.25，城市內／聯外城市：加幣$15.5
http niagarafalls.ca/living/transit

好用觀光資訊

→ 探險之旅套票(Adventure Pass)

由尼加拉公園委員會策畫的旅遊行程，包含3種套票：經典套票(Classic)、超值套票(Plus)，以及聯合這兩種行程的全包套票(Niagara Falls Pass)。經典套票涵蓋了最主要的景點，如白水步道、瀑布遊船、4D劇場等；自然套票內容除了瀑布遊船，其他景點以自然生態為主，如蝴蝶園、溫室花園等。

$ 經典套票：成人加幣$59，孩童(3～12歲)加幣$38，網路購票優惠價加幣$30.97。每種套票有效期皆為48小時，可任意搭乘WEGO Bus前往套票中任一景點
http www.niagaraparks.com

→ 雙層觀光巴士(Double Deck Bus)

想來個尼加拉瀑布深度之旅？選擇Double Deck Tours就對了。這個為時4小時的導覽行程將帶你進入瀑布隧道之旅(Journey Behind the Falls)、搭乘空中漩渦纜車、瀑布遊船並欣賞該區8個重要景點。

© 每年4～10月，每日11:00發車
http www.doubledecktours.com

搭乘觀光直升機遊覽尼加拉瀑布(圖片來源：Ontario Tourism)

觀賞馬蹄瀑布最佳的方式就是搭乘遊船近距離觀看

 尼加拉瀑布群中最大、最壯觀

馬蹄瀑布
Horseshoe Falls

海馬老爸

一般人印象中的尼加拉瀑布，便是瀑布群裡最大、最壯觀的馬蹄瀑布。寬度792公尺，高約53公尺，瀑布彎曲成馬蹄狀，因而得名。

馬蹄瀑布橫跨美加兩國，約有1/3在美國境內、2/3在加拿大境內。瀑布的水流90％流經馬蹄瀑布，湍急的河水在懸崖邊陡然下落，墜入50公尺，激起大量水氣，氤氳遮天。因為水流量大且強勁，加拿大政府在此興建發電廠，以水力發電提供安大略省使用。

從美國公羊島上的Terrapin Point和加拿大Table Rock遊客中心皆可觀看馬蹄瀑布，以加拿大的方向較佳。遊客中心前的步道緊挨著瀑布，巨量的水流從遊客面前急速躍下，彷彿伸手可觸。瀑布上方水氣揚升，聲響巨大，氣勢磅礡，震撼人心。

（圖片來源：Tourism Toronto）

瀑布溜索活動十分刺激，但只在夏季才開放

143

（圖片來源：Tourism Toronto）

◎ 可從加拿大遠望瀑布全景

美國瀑布
American Falls

　論高度以及寬度，美國瀑布都次於馬蹄瀑布。雖然不是尼加拉瀑布群裡最高，但寬290公尺，高57公尺，也算是非常壯觀的瀑布了。

　該瀑布的水流量約占全瀑布區的10％，瀑布右側下方有數層樓高的石堆，水流自上方衝激而下，濺起大量水花。

　瀑布100％位於美國境內，可從美國公羊島或是月亮島上側觀湍激的水幕。不過真要欣賞瀑布全景，從加拿大遠望或是搭船在河面仰望都是比較好的觀賞角度。

1.夜間燈光秀的美國瀑布／**2.**從史凱隆塔上遠看美國瀑布

◎ 最近距離體驗壯觀瀑布

尼加拉城市遊船
Niagara City Cruises

海馬老爸

　搭乘遊船近距離欣賞瀑布，是尼加拉瀑布旅遊最刺激的行程。過去想要搭船觀賞瀑布，只有美國霧中少女號可以選擇。2014年起吹號角者遊船加入行列，提供從加拿大登船賞瀑的服務。

　在岸邊購票後搭乘電梯下至河邊，工作人員分發每人一件紅色雨衣。依序登船後，遊船緩緩開向馬蹄瀑布。接近瀑布，河上狂風驟起，瀑布水氣衝向船上人群。瀑布之水從上沖下，轟隆之聲不絕於耳，旁人尖叫卻不可聞。等待遊船駛離瀑布底下，緩緩經過美國瀑布，全身溼透的遊客滿足地相視而笑。

✉ 5920 Niagara Pkwy, Niagara Falls, ON L2E 6X8
☎ (855)264-2427 ⏰ 週一～日08:30～20:30，不同季節營運時間不同，請見官網 🚫 無 💲 成人加幣$32.75，小孩(3～12歲)加幣$22.75，2歲以下幼兒免費 ➡ 搭乘WEGO巴士藍線、紅線，在Clifton Hill/Hornblower Niagara站下車 🌐 www.cityexperiences.com 🗺 P.139

搭乘遊船的碼頭

身穿雨衣狂風水氣中觀看瀑布

轟隆瀑布聲伴你用餐

桌岩遊客中心
Table Rock
Welcome Centre

19世紀中葉，原先突出於瀑布上方的Table Rock逐漸崩落，為了安全顧慮，加拿大政府在1950年代將僅存的岩石炸開，在岸邊蓋起兩層樓高的桌岩遊客中心。遊客中心除了提供旅遊資訊，多家餐館、禮品店在該中心1樓營業。臨瀑布的餐廳Elements提供了大片的窗景，尼加拉瀑布全景躍然眼前，可以一邊享用美食，一邊近距離欣賞瀑布。

前往瀑布後方的瀑布探險之旅(Journey Behind the Falls)從這裡開始。這個導覽行程帶領遊客從另一個角度欣賞瀑布——進入河面下方25及54公尺的隧道仰觀磅礡的飛瀑。

✉ 6650 Niagara Pkwy, Niagara Falls, ON ☎ (905)358-3268 ⏰ 週一～日09:00～17:00 休 無 $ 免費 ➡ 搭乘WEGO巴士藍線、紅線在Table Rock站下車 🌐 www.niagaraparks.com/visit-niagara-parks 🗺 P.139

1.遊客中心2樓的餐廳提供視野最好的美食饗宴／**2.**從桌岩遊客中心遠眺美國瀑布／**3.**在遊客中心旁近距離看河水墜落瀑布

📷 從高空俯瞰尼加拉瀑布全景

史凱隆塔
Skylon Tower

從文字上看它的涵義，「Skylon Tower」，隱含著跟天比高的意思。1964年落成，塔高160公尺，是離尼加拉瀑布最近的高塔建築，也是從高處觀賞瀑布最佳位置。搭乘小名「黃色甲蟲」(Yellow Bug)的外露式電梯，從地面陡升到236公尺高的觀景台只需52秒。觀景台有上下兩層，向下俯瞰，尼加拉瀑布全景盡收眼底。繞行觀景台一周，可360度看盡尼加拉市、安大略湖，天氣晴朗時甚至隱約可見多倫多市和美國水牛城。

觀景台樓下是Summit Suite Buffet自助餐廳以及Revolving Dining Room旋轉餐廳。旋轉餐廳每小時旋轉一圈，在用餐的座位上可遠眺方圓8,000公里的景色。不管白天或是入夜後，在此以全球最知名的瀑布佐美食，堪稱全世界最浪漫的事情之一。

史凱隆塔地下1樓的Skylon Fun Centre是大型的電子遊戲中心；到旁邊的3D/4D瀑布電影院觀看影片《Legends of

Niagara Falls》，是深度瞭解尼加拉瀑布的好方法。史凱隆塔附設停車場，以次計費，每次約加幣$10。遊客可選擇在此停車，以史凱隆塔為出發點，從塔上觀賞瀑布後，步行前往瀑布區遊覽並搭船，然後至克利夫頓山丘參觀，最後回到史凱隆塔取車。

✉ 5200 Robinson St, Niagara Falls, ON L2G 2A3
📞 (905)356-2651 🕐 週一～日08:30～00:00 休 無
💲 成人加幣$19，孩童(4～12歲)加幣$9.5 ➡ 從瀑布旁的Niagara Pkwy轉入Murray Street，沿著斜坡上行200公尺 http www.skylon.com MAP P.139

1.塔上180度欣賞尼加拉瀑布群的美景／**2.**史凱隆塔是觀賞瀑布的制高點／**3.**史凱隆塔頂旋轉餐廳的海鮮大餐／**4.**戶外觀景台

霓虹燈五光十色的玩樂天堂

克立夫頓山丘
Clifton Hill

海馬老爸

從瀑布走進克立夫頓山丘大道，你會錯以為到了日本環球影城。巨大的霓虹燈、誇張的卡通人形看板、燈光閃爍的摩天輪……五光十色的場景與百來公尺外天然瀑布景色，形成強烈的對比。

從克立夫頓山丘一路上行到與Victoria Avenue的交叉路口，道路兩旁數十家餐館夾雜著各種娛樂場所，每一家的招牌極盡燈光之能事。這裡是孩童與青少年的天堂——鬼屋、蠟像館、3D動感劇院、保齡球館、迷你高爾夫球場、摩天輪、水上樂園、金氏世界紀錄館等等，各樣好玩的，你能想到的都在這裡。

最新開張的Niagara Speedway迷你賽車場號稱是全加拿大最大的Go Kart賽車場，連成年人都為之瘋狂。想要怡情小賭一番，附近的賭場不只一處可去。

如果有時間，想省錢把克利夫頓山丘玩得盡興，不妨買一張克利夫頓山丘歡樂套票(Clifton Hill Fun Pass)，可以一票玩盡雲霄飛車、摩天輪、打擊喪屍等6個景點。

✉ 4960 Clifton Hill, Niagara Falls, ON L2G 3N4 ☎ (905)358-3676 ⏰ 依各景點而定 🚫 無 💲 克利夫頓山丘歡樂套票大人加幣$34.95，小孩加幣$22.95 ➡ 搭乘WEGO巴士紅線，在Clifton Hill/Oneida Lane站下車 🌐 www.cliftonhill.com 🗺 P.139

克利夫頓山丘歡樂套票

購票地點：以下各個景點售票處，或線上訂購www.cliftonhill.com/fun-pass

票價：成人加幣$29.95，兒童加幣$19.95

可遊覽以下6個景點：
- 尼加拉摩天輪Niagara Skywheel
- 殭屍來襲Zombie Attack
- 蠟像博物館Movieland Wax Museum of Stars
- 魔鬼剋星之旅Ghostbuster Dark Ride
- 恐龍冒險高爾夫球Dinosaur Adventure Golf或巫師高爾夫球Wizard's Golf
- 大西部雲霄飛車Wild West Coaster

1.結合摩天輪與恐龍主題的迷你高爾夫球場／**2.**入夜後的克立夫頓山丘街區／**3.**五顏六色、鮮豔誇張的街道招牌／**4.**克立夫頓山丘有不少世界紀錄等怪異主題的展覽館

正從漩渦上方通過的空中纜車

漩渦空中纜車
Whirlpool Aero Car

尼加拉河行經銀鎮(Silvertown)附近突然拐了個大彎，湍急的水流在此激盪，形成大大小小兇猛的漩渦。想要觀賞這些驚心動魄的天然奇景，最好的方法是搭乘纜車從空中俯瞰。

漩渦空中纜車落成於1916年，可容35名遊客站立搭乘。從纜車站出發，在河水上空61公尺處緩步前行，單趟旅程需時10分鐘。從纜車上俯瞰河面風景，河心激起一團團白浪，捲向不見底的深處。

河流兩岸的纜車站皆是加拿大國土之內，U形河流中線是美加邊境，旅客搭乘纜車橫渡河流，便是跨越國界4次。

✉ 3850 Niagara Pkwy, Niagara Falls, ON L2E 3E8
📞 (877)642-7275 🕐 週一～日09:00～20:00 🚫 11月初～3月中，冬季期間關閉 💲 成人加幣$17.5，孩童(3～12歲)加幣$11.5，2歲以下幼兒免費 ➡ 搭乘WEGO巴士綠線可抵達 http bit.ly/2G6YJDP MAP P.139

白水步道
White Water Walk

約莫4,200年前湍急的尼加拉河滔滔奔流，把河谷切割出一斷崖。在上個世紀的30年代，原本一條連結美加的鐵道沿著河谷修建，卻因經濟因素而停建，多年後已開闢的棧道搖身一變成為現今的白水步道。

從河邊的入口小屋搭乘電梯往下7層樓，一條400公尺的木棧道緊隨著河道蜿蜒。這一段尼加拉河河道緊縮，形成窄小的峽谷，兩邊是陡峭的山壁，腳邊是高達6級的湍流，流速每小時48公里。一路上綠樹扶疏，處處可見險惡的漩渦。緩步走在棧道上，清新的空氣中響著轟隆隆的水流聲，觀賞河景和森林浴雙效合一。

✉ 4330 River Road, Niagara Falls, ON L2G 6T2
📞 (877)642-7275 🕐 週一～日09:00～20:00 🚫 11月初～4月初，冬季期間關閉 💲 成人加幣$17.5，孩童(3～12歲)加幣$11.5，2歲以下幼兒免費 ➡ 搭乘WEGO巴士綠線可抵達 http bit.ly/2Uz8WR9 MAP P.139

位於懸崖邊的白水步道購票亭

從棧道上俯瞰激流，震天價響的水流聲不絕於耳
(圖片來源：Tourism Toronto)

1

知名連鎖速食店Tim Hortons誕生地

第一家提姆荷頓餐廳
First Tim Hortons

Hamilton是位於多倫多與尼加拉市中間的工業城市，加拿大著名連鎖速食店提姆荷頓(Tim Hortons)就在這裡誕生。以甜甜圈、咖啡以及三明治著稱的速食店成立於1964年，3年後，加國的冰上曲棍球選手Tim Horton加入經營，餐廳開始快速成長。目前在北美共有4,600家分店，堪稱是加拿大的麥當勞，加國民眾對之有強烈的歸屬感。

目前的第一家提姆荷頓餐廳已非原來樣貌，兩層樓嶄新的建築外有Tim Horton穿著曲棍球的雕像，2樓展示了50多年前餐廳的原貌，以及歷年來員工制服、食品包裝的演進歷史。

✉ 65 Ottawa Street North, Hamilton, ON L8J 3Y9 ☎ (905)544-4515 🕐 週一～五06:00～20:00，週六～日 07:00～20:00 休 無 $ 加幣$8～10 ➡ 搭乘公車#41在 Ottawa Street North的Dunsmure Road站下車 http timhortons.com MAP P.15

1.一代冰上曲棍球名人Tim Horton的傳記和球員卡／**2.**現在的嶄新建築，已非原有風貌／**3.**創辦人手持球棍，冰上展雄風的雕塑佇立在餐廳外／**4.**2樓的展示區還原了50年前速食店裡的點餐櫃檯／**5.**回顧餐廳發展的歷史迴廊／**6.**餐廳所在的街道也俗稱 Tim Hortons Way

濱湖尼加拉鎮
Niagara-on-the-Lake

→ 地理位置

　　濱湖尼加拉鎮位於尼加拉河匯入與安大略湖的河口，西接聖凱薩琳斯市(St. Catharines)，南鄰尼加拉瀑布市，東面則隔河與美國紐約州相望。

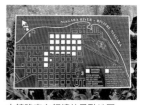

小鎮路旁有銅鑄的景點地圖

→ 歷史

　　濱湖尼加拉鎮原名巴特勒斯堡(Butlersburg)，為一英軍要塞，曾被選為上加拿大第一個首府。由於太靠近美國邊境，軍事風險太高，1797年加拿大首府便遷往約克堡。

　　1812年美加戰爭中，濱湖尼加拉鎮被美軍占領且大肆破壞。戰後城市被重建，數座軍事要塞，如Fort George、Navy Hall、Butler's Barracks，連同鎮上維多利亞式建築皆被完整保留下來。長久以來小鎮的名稱一直與尼加拉市混淆，到了1880年目前的鎮名底定，名稱過於相似的問題才被解決。

→ 加拿大最美麗的城鎮

　　驅車來到安大略湖與尼加拉河交界處，你會驚豔於這個美麗小

鎮。沿著歷史遺產區的主街皇后街(Queen Street)散步,春夏兩季裡綠樹如蔭,海量的花卉妝點鎮上的每一個角落。道路兩旁18、19世紀的屋舍櫛比鱗次,雖已多改成商店、餐館或畫廊,但外觀仍保留了一兩個世紀前的模樣,古意盎然。

不妨走進一家家迷人的商店,逛逛古物

沿著Queen Street都是200年前的木造建築

專賣店,或是到冰淇淋店來球冰品。餐廳酒館裡,侍者動作優雅,美食與古建築相互輝映;酒坊裡酒香陣陣,那是因為小鎮四周圍繞著加拿大東岸最好的葡萄酒產區。

想憑弔歷史,不妨到城鎮東側的喬治堡(Fort George)和巴特勒軍營(Butler's Barracks)這兩個歷史古蹟走走。音樂與戲劇本來就是濱湖尼加拉鎮的強項──從1962年起,蕭伯納節(Shaw Festival)是每年4～11月濱湖尼加拉鎮的大事。半年多的期間,鎮內3家劇院會聯合上演愛爾蘭最偉大的劇作家蕭伯納(George Bernard Shaw)的作品。

濱湖尼加拉鎮在1996年的全國城市美化比賽中獲得「加拿大最美麗的城鎮」的美名。走一趟這個湖濱小鎮,你會覺得這個稱號名不虛傳。

濱湖尼加拉鎮

- Queen's Royal Park
- Shaw Café and Wine Bar
- Whirlpool Jet Boat Tours
- 濱湖尼加拉鎮紀念鐘塔 Memorial Clock Tower of Niagara-on-the-Lake
- Cows
- Corks Wine Bar & Eatery
- 法庭劇院 Niagara District Court House
- 尼加拉藥房博物館 Niagara Apothecary
- 威爾斯王子飯店 Prince of Wales Hotel
- Balzac's Coffee
- Niagara Historica Society & Museum
- Shaw Festival Theatre
- 往 Navy Hall
- 巴特勒軍營國家歷史紀念館 Butlers' Barracks National Site
- 喬治堡國家歷史紀念館 Fort George National Historic Site
- Veterans Memorial Park

Gate Street / Front Street / Victoria Street / Prideaux Street / Regent Street / Queen Street / Richardo Street / Delater Street / Byron Street / Wellington Street / Melville Street / Johnson Street / Regent Street / Picton Street / King Street / Platoff Street / Davy Street / Gage Street / Castlereagh Street / Nelles Street / Centre Street / Queen's Parade / Queen's Parade / Byron Street

前往濱湖尼加拉鎮

開車

→ 從尼加拉瀑布出發

濱湖尼加拉鎮位於尼加拉瀑布以北，車程大約30分鐘。從瀑布出發，沿著Niagara Parkway北行，轉接Queen's Parade即可抵達。

→ 從多倫多出發

順著QEW高速公路往尼加拉瀑布方向，路經聖凱薩琳斯市後從38B出口轉接Hwy 55，行至路盡頭轉Queen Street，右轉後即可抵達。

大眾交通

每年5月～10月間，WEGO巴士有多條路線連接濱湖尼加拉鎮和尼亞加拉瀑布市。

鎮內交通

鎮內公共交通由濱湖尼加拉交通局(Niagara-on-the-Lake Transit)營運，提供2線巴士載客服務。著名景點及商店群多集中於歷史遺產區(Heritage District)的Queen Street上，建議以步行遊覽該鎮。

走在古色古香的街道，就像走入歷史

來趟馬車之旅悠閒逛逛歷史小鎮吧

烘焙店裡的傳統手工甜點

花圃伴隨優雅的星巴克咖啡館

受英國皇室喜愛的飯店

威爾斯王子飯店
Prince of Wales Hotel

海馬老爸

✉ 6 Picton Street, Niagara-on-the-Lake, ON L0S 1J0 ☎ (905)468-3246 ⓗ www.vintage-hotels.com/princeofwales ⓜ P.151

位於King Street和Picton Street路口，威爾斯王子飯店是遺產區裡最典雅的飯店。飯店樓高3層，1、2樓為磚砌，白色木製欄杆襯托著紅牆；高聳的3樓外牆貼滿灰磚，有著圓弧窗簷的木窗，是典型拿破崙時期法國第二帝國的建築風格。

飯店落成於1864年，曾多次易名，直到1901年英國皇室貴賓Cornwall and York公爵夫婦，也就是後來的查爾斯王子夫婦到此造訪，名字方始底定。英國女王伊莉莎白二世，於1973年也曾下榻此飯店，為威爾斯王子飯店增添貴族氣息。

The Drawing Room是飯店裡的茶屋，不妨在豪華不失精緻的維多利亞風格英式茶屋享用下午茶，懷想當年的貴族生活日常。

飯店花圃裡的小童雕塑伴隨春天綻放的鬱金香

春天關山櫻盛開，與威爾斯王子飯店相輝映

濱湖尼加拉鎮紀念鐘塔
Memorial Clock Tower of Niagara-on-the-Lake

車進入濱湖尼加拉鎮的遺產區，一座高聳的鐘塔遠遠可見。鐘塔是為了弔念濱湖尼加拉鎮在第一次世界大戰中捐軀的軍人。當年為了興建此塔，在籌備委員會中引起各種不同聲音，當時的市長力主興建一座醫院取代鐘樓；其他委員則建議將預算投入興建高中或是運動公園。最後委員會投票，鐘塔以壓倒性的票數獲勝，興建計畫才塵埃落定。

鐘塔落成於1922年，由多倫多知名的建築師Charles W Wilmott所設計，紅磚為身，石灰白為頂，不但成為該鎮的地標，也是全加拿大唯一一座位於市鎮中心的戰爭紀念塔。

鐘塔位於小鎮的中心位置

✉ 30 Queen Street, Niagara-on-the-Lake, ON L0S 1J0 ☎ (905)468-1950 🌐 www.niagaraonthelake.com
MAP P.151

法庭劇院
Niagara District Court House

三層樓的歷史建築目前作為蕭伯納劇院

坐落在鐘塔一旁，這棟3層樓的新古典主義建築在Queen Street上非常吸睛。由多倫多建築師William Thomas所設計，1846年

外牆上銅牌寫著CIRCA 1840，說明該建築約莫建造於1840年代

起造，隔年完工，作為當年尼加拉地區法庭之用。法庭於1863年搬遷至鄰近的聖凱薩琳斯市(St. Catharines)，該建築陸續作為市政府辦公樓、監獄，甚至孤兒院之用，直到20世紀初。

該建築於1981年被列為國家歷史建築，目前是濱湖尼加拉鎮的蕭伯納節3大劇院之一，因此也被稱為法庭劇場(Court House Theatre)。劇院的1樓為遊客中心，夏季時提供各種旅遊資訊。

✉ 26 Queen Street, Niagara-on-the-Lake, ON L0S 1J0 ☎ (905)468-1950 🌐 www.niagaraonthelake.com
MAP P.151

噴泉花園餐廳

Shaw Café and Wine Bar

從外觀來看，無疑是一座舞臺：街邊的花園繁花似錦，居中的圓形建築有著挑空的2樓露天座位。巨大的吊燈懸掛在天井，階梯蜿蜒而上，腳步踩在青石地板上鏗鏘有聲。自從1996年開幕以來，該餐廳濃厚的歐洲風味被居民及旅客們喜愛。

鬱金香將Shaw Café and Wine Bar妝點得十分春天

花園一隅的蕭伯納銅像與噴泉

點一份煎得表皮酥脆、肉嫩多汁的鮭魚排，或是經典的法式料理如紅酒燉羊腿，搭配來自尼加拉半島的葡萄酒，十分合拍。坐在1樓庭院蕭伯納雕像旁用餐，聽著噴泉聲涼涼，欣賞小鎮景色，絕對是人生一大享受。

✉ 92 Queen Street, Niagara-on-the-Lake, ON L0S 1J0 ☎ (905)468-4772 ⏰ 週一～五11:00～21:00，週六～日11:00～22:00 休 無 💲 約加幣$20～35 http shawcafe.ca MAP P.151

加拿大NO.1的冰淇淋

1

Cows

1983年創立於加拿大東岸愛德華王子島省(Prince Edward Island)的冰淇淋店，分店已經拓展至全加拿大數個城市，曾被旅遊雜誌《Traveler》讀者票選為世界最好

吃的冰淇淋店第一名，原因就在於純手工製作的冰淇淋裡含有雞蛋及高達16%的奶油脂肪，讓冰淇淋乳香濃郁，口感細滑。

30多種口味中，最經典的要屬Gooey Mooey(香草與英國太妃糖，外加繽紛巧克力碎片)和Moo Crunch(花生口味鬆餅杯加巧克力冰淇淋)，冰淇淋名稱都和牛的叫聲有關。除了冰淇淋，店裡也販售多種粉彩顏色、與冰淇淋和乳牛相關的服飾，是該品牌延伸的系列商品。

2 **3**

✉ 44 Queen Street, Niagara-on-the-Lake, ON L0S 1J0 ☎ (905)468-2100 ⏰ 週一～日10:00～22:00 休 無 💲 約加幣$5～8 http cows.ca MAP P.151

1.奶香濃郁的PEI Blueberry冰淇淋／**2.**對加拿大人而言，Cows藍底白字的木頭店招幾乎與好吃的冰淇淋畫上等號／**3.**Cows不僅是冰淇淋店，更是服飾店

尼加拉半島酒莊之旅
Winery Tours in Niagara Region

(圖片來源：Tourism Toronto)

尼加拉半島指的是加拿大安大略省境內，位於伊利湖與安大略湖之間的狹長形土地。該地區土地肥沃，同時受到兩個湖泊的氣候調節，利於葡萄的生長，因此成為安大略省的葡萄酒產地。

根據安大略酒商品質聯盟(VQA Ontario)的劃分，安大略省有3個法定葡萄栽培區，分別是：尼加拉半島(Niagara Peninsula)，皮利島(Pelee Island)和伊利湖北岸(Lake Erie North Shore)。其中尼加拉半島位於安大

春天的葡萄園才剛剛冒出新葉

略湖南岸，是三者中最大的葡萄產地，生產加拿大80%的葡萄。也因此，數量眾多的釀酒廠群聚於此，成為加拿大最大的葡萄酒產區，該區釀造的冰酒聞名於世。

尼加拉半島生產加拿大80%的葡萄
(圖片來源：Ontario Tourism)

前來尼加拉半島，建議你保留一整天的時間，悠閒地逛完濱湖尼加拉鎮後，選擇3到5家酒莊一一拜訪，才能好整以暇品嘗不同風味的葡萄酒。

如果不想自己開車，不妨參加當地的品酒導覽團，既輕鬆，又可省去酒駕的危險。

Grape and Wine Tours： http www.grapeandwinetours.com
Crush on Niagara： http www.crushtours.com
Niagara Wine Tours International： http www.niagaraworldwinetours.com

→酒莊嘉年華盛事

每年尼加拉葡萄酒節協會(Niagara Wine Festival Group)都會舉辦3場葡萄酒慶典，吸引嗜酒的民眾參與。

▓尼加拉冰酒節(Niagara Ice Wine Festival)：每年1月舉辦，活動為期3週，冰酒愛好者絕不會錯過。

▓尼加拉新釀酒節(Niagara New Vintage Festival)：每年6月舉辦，為期3週，是美酒與佳肴組合的活動。

▓尼加拉葡萄酒節(Niagara Wine Festival)：每年9月舉辦，活動為期10天，慶祝葡萄的收成。

尼加拉葡萄酒嘉年華官方網站：🅷 www.niagarawinefestival.com

搭乘品酒導覽團，可以輕鬆造訪知名酒莊，又可免去酒駕的危險

什麼是VQA

VQA(Vintners Quality Alliance)酒商品質聯盟，如同法國的AOC制度，是針對加拿大葡萄酒的評比及認證的系統。葡萄酒必須在加拿大生產，然後由獨立的專家進行品評，達到標準的葡萄酒才能貼上印有VQA的標章。

加拿大有2個重要的葡萄酒產區：安大略省和英屬哥倫比亞省。根據VQA的劃分，安大略有3個，英屬哥倫比亞省有4個法定葡萄栽培區。這兩個省分生產加拿大絕大部分的葡萄酒。

通過認證的葡萄酒，酒瓶上皆有VQA標誌

🍷 **特色**✐加拿大冰酒的代名詞

Inniskillin Wines

創立於1974年，雖然Inniskillin酒莊生產全品項的葡萄酒，但名聲最響的是該酒莊的冰酒。Inniskillin酒莊生產的冰酒有4款，風味各異；冰酒的產量約占該酒莊生產葡萄酒的10%左右，是加拿大冰酒出口的重要酒莊。酒莊入口有著西班牙式的白色矮牆，一派純歐式的悠閒。品酒室前的空地在夏季時撐起一支紅色陽傘，饕客們在傘下以葡萄酒佐餐，大快朵頤。

1.Inniskillin酒莊著名的冰酒／**2.**歐風滿滿的Inniskillin酒莊入口大門／**3.**品酒室就在葡萄園一旁／**4.**除了冰酒，該酒莊的紅酒也遠近馳名

✉ 1499 Line 3, Niagara-on-the-Lake, ON L0S 1J0 ☎ (905)468-2187 🕐 5～8月週日～四11:00～18:00，週五～六11:00～19:00(開放時間因季節不同，請至官網查詢) 🚫 12/25 🅷 www.inniskillin.com

特色 在豪宅莊園中品酒

Peller Estates Winery

海馬老爸

建成於1969年的Peller Estates，偌大的酒莊目前由Peller Family的第三代傳人John Peller負責經營。Peller是一個不折不扣的豪宅莊園，由主屋延伸東西兩翼的屋廳、寬敞的品酒室、大片的綠地中庭，一切都有如億萬富翁的宅邸。

酒莊附屬的餐廳Winery Restaurant由名廚主持，曾被《多倫多生活雜誌》(Toronto Life Magazine)評為3星級餐廳，餐飲評價頗高。顧客可參加酒莊舉辦的導覽團，除了品嘗葡萄酒之外，還可參訪該酒莊的葡萄園、地下酒窖，以及以寒冰打造的品酒室等。

1.酒莊藏身兩層樓別墅中／2.占地極大的品酒區／3.精雕細琢的Winery Restaurant

290 John Street East, Niagara-on-the-Lake, ON L0S 1J0 ☎ (888)673-5537 🕐 週一～日10:00～21:00(開放時間因季節不同，行前請先去電確認) 休 12/25 http www.peller.com

---

特色 德國風味葡萄酒

Reif Estate Winery

來到加拿大之前，Reif酒莊家族在德國釀酒的歷史已有300年，傳承了13代。1977年Reif家族在尼加拉半島買下一塊土地，延續在巴伐利亞釀酒的傳統。如今Reif酒莊綠意扶疏，除了德國風味葡萄品種Riesling和Gewürztraminer之外，冰酒也是遠近馳名。酒莊旁的感官花園(Sensory Garden)種植多棵紫藤，品酒課程或是

晚宴經常在綠藤下舉辦。在花叢間品酒，花香與酒香混合，香氣襲人。

1.斗大的德國家徽高掛在酒莊門口／2.品酒室／3~4.感官花園的紫藤下品酒別有一番風味

15608 Niagara Pkwy, Niagara-on-the-Lake, ON L0S 1J0 ☎ (905)468-9463 🕐 4～10月週一～日10:00～18:00，11～3月週一～日11:00～17:00 休 12/25、1/1、復活節、節禮日(Boxing Day) http reifwinery.com

特色 草原星空下的品酒會

Trius Winery and Restaurant

2009年在加拿大葡萄酒大賽中被評為加國酒莊第一名，這並不是造訪Trius酒莊的主要原因。前來此酒莊，是因為「Movie in the Vineyard」這活動邀請你在酒莊草原的星空下觀賞電影，人手一杯紅酒品味，而這不過是酒莊15種不同的品酒導覽行程之一。

Trius的餐廳曾被列為「加拿大百大最佳餐廳」之一，佳肴可口不在話下，裝潢以紅黃色為主調，優雅的吊燈及高背絨布座椅營造出恬靜的藝術氣息。

✉ 1249 Niagara Stone Rd, Niagara-on-the-Lake, ON L0S 1J0 ☎ (800)582-8412 🕐 週一～日10:00～21:00(開放時間因季節不同，行前請先去電確認) 休 12/25 http www.triuswines.com

1. 如度假村般悠閒的酒莊庭院／**2.** 品酒室／**3.** 酒莊一隅

冰酒小常識

加拿大的冰酒享譽全球，濃烈的香甜風味贏得女性的青睞。但是冰酒到底是什麼？

- **釀製日期**：一般的葡萄酒大概在每年8～9月採收，釀製冰酒的葡萄(在加拿大多使用Vidal和Riesling兩品種)則在枝頭多保留3～4個月。待天氣轉冷，葡萄凍結成冰後始能採收。

- **製程**：根據加拿大VQA的規定，要用於釀製冰酒的葡萄，需在每年11月15日以後，氣溫低於攝氏零下8度的深夜方能採收。隔天上午10時前採收完畢，立刻將葡萄壓榨成汁，釀製成酒。釀製成的葡萄酒甜度必須在35度以上，若甜度不夠，或不能滿足前述所有採收過程的要求，就不能稱作冰酒。

- **價格**：冰酒除了釀製的過程嚴謹繁複，使用的葡萄量也較多。一瓶冰酒的葡萄使用量約可製成一般葡萄酒6～7瓶。因此冰酒價格昂貴，一瓶375ml的冰酒通常要價加幣$80～90以上。

市面上仿冒冰酒的商品很多，要如何識別真正的加拿大冰酒？有兩個簡單的方式可辨別：

1. 認明瓶身或瓶蓋上的VQA標誌
2. 認清冰酒英文字樣。Icewine是一個加拿大的註冊商標，只有被VQA認可的冰酒酒莊能使用這字樣。

留意假冰酒英文字樣：

酒瓶上標註Ice Wine(兩個字分開)，或是ice wine style，都不是真正的冰酒，可能是以人工冰凍葡萄的方式來生產，或是添加大量的糖所生產的葡萄酒。

唯有符合冰酒協會嚴格的採收釀造規定，才能稱為冰酒 (圖片來源：Ontario Tourism)

認清ICEWINE是單獨一個字，才是真正的冰酒

京士頓
城市漫遊

京士頓坐落於優美的安大略湖湖畔，是通往千島群島的門戶。歷史水道里多運河自此展開，這是聯合國教科文組織認定的世界遺產，見證了300年來的斑斑歷史。以當地石灰岩 (limestone) 所建的古老建築隨處可見，因此也稱石灰岩城市 (Limestone City)。雖然歷史悠久，京士頓依然充滿活力，除了千島湖遊船名聞千里，更因熱愛水上活動，該市被譽為「世界淡水帆船運動之都」。

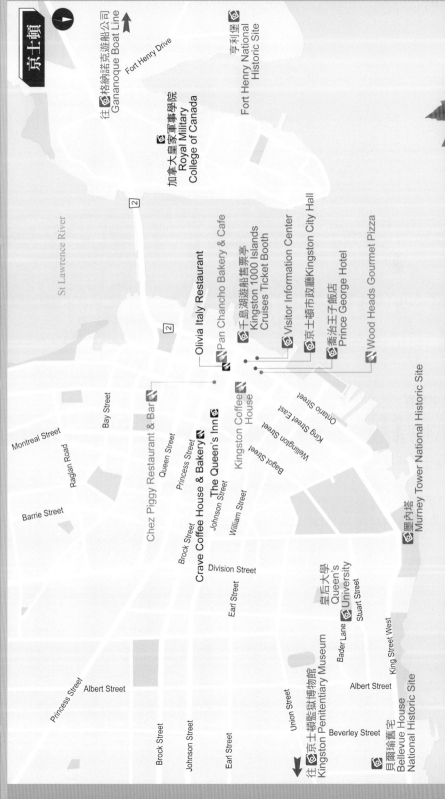

京士頓

往 格納諾克遊船公司
Gananoque Boat Line

Fort Henry Drive

亨利堡
Fort Henry National
Historic Site

加拿大皇家軍事學院
Royal Military
College of Canada

St Lawrence River

2

2

Olivia Italy Restaurant

Pan Chancho Bakery & Cafe

千島湖遊船售票亭
Kingston 1000 Islands
Cruises Ticket Booth

Visitor Information Center

京士頓市政廳Kingston City Hall

喬治王子飯店
Prince George Hotel

Wood Heads Gourmet Pizza

Chez Piggy Restaurant & Bar

Bay Street

Montreal Street

Raglan Road

Barrie Street

Queen Street

Princess Street

Brock Street

Crave Coffee House & Bakery

The Queen's Inn

Kingston Coffee House

Johnson Street

William Street

Bagot Street

Wellington Street

King Street East

Ontario Street

Murney Tower National Historic Site

墨內塔

Division Street

Earl Street

皇后大學
Queen's
University

Stuart Street

King Street West

Princess Street

Albert Street

Brock Street

Johnson Street

Earl Street

往 京士頓監獄博物館
Kingston Penitentiary Museum

Bader Lane

Union Street

Beverley Street

Albert Street

貝爾瑜舊宅
Bellevue House
National Historic Site

百年歷史老城—京士頓
Kingston

京士頓市政廳前的噴泉公園常年遊客如織

在京士頓經常可見的
軍事防禦圓塔

➔ 地理位置

京士頓位於安大略省東南部，位居安大略湖北岸，聖羅倫斯河入口附近。距離多倫多市約262公里，離加拿大首都渥太華約197公里遠，與魁北克省的大都市蒙特婁相距約288公里。

➔ 氣候

京士頓與多倫多相同，皆屬於溫帶大陸型氣候，夏天高溫濕潤，冬天乾燥寒冷。夏季均溫為20度，冬季均溫則為零下8度左右。春秋兩季為過度時期，氣溫在攝氏個位數之間，氣候偏涼。

➔ 人口

根據2021年的普查，京士頓市人口為13.2萬人；若計入京士頓都會區，人口為17.2萬。英文為該市主要語言；法語則流通在

市政廳廣場的二手古物市集

受當地人喜愛的獨立咖啡館Coffee & Company藏身在古老的維多利亞建築內

加拿大皇家軍事學院

騎馬的女警親切與民眾互動

政府機構以及部分民間商鋪。來自亞洲、希臘、義大利及葡萄牙的移民構成了京士頓多元文化的面貌。

→ 歷史

京士頓歷來是兵家必爭之地，整個城市的發展，就像一部小型的加拿大建國史。

17世紀，法國皮毛交易商到此與原住民交易。當時的法國總督芳堤娜(Louis de Buade de Frontenac)於1673年在這裡建立要塞；英法7年戰爭爆發，贏得戰爭的英軍接管該地。1787年以英王喬治三世命名為國王鎮(King's Town)，翌年則改成京士頓(Kingston)。

1812年英美戰爭，京士頓是英軍重要的防禦基地。1832年英國修建由京士頓出發的里多運河，以便船隻來往上加拿大和下加拿大，無需取道聖羅倫斯河，避免遭受美國的威脅。

上下加拿大於1841年整併成為加拿大省，京士頓同時獲選為加拿大省的首府。但是因為城市腹地太小、地理位置過於接近美國，難以抵禦美軍入侵等原因，不到3年，首府便遷往蒙特婁。從此京士頓的重要性大減，城市發展步調放緩。即便如此，因濱湖的地理位置，作為五大湖區主要的港口，京士頓於20世紀發展船隻、火車等產業，成為重要的工業重鎮。

重工業在20世紀末逐漸式微，政府機關、軍事、觀光以及教育取而代之成為市內主要產業。

古色古香的消防局大樓

落成於1809年的The Prince George Hotel是該城市最老的旅館

前往京士頓

京士頓位於加拿大東岸楓葉大道的西端，前往周邊的大城市如多倫多及首都渥太華皆只有2小時左右的車程。搭飛機、乘坐火車前往堪稱便利，但如果旅遊行程包含安大略省多個城市，甚至遠及魁北克省，開車仍是較經濟且時間彈性的方式。

搭乘飛機

諾曼羅傑斯機場(Norman Rogers Airport，IATA代碼：YGK，ICAO代碼：CYGK)

諾曼羅傑斯機場位於京士頓市的西南方8公里，每日都有Air Canada Express的班機往來多倫多皮爾遜國際機場，飛行時間約為1小時。

自機場前往京士頓市區僅能搭乘計程車，或是租賃汽車自駕前往。

Avis租車 613-531-3311或613-539-2847

搭乘火車

每天有22班VIA Rail的火車從蒙特婁、渥太華和多倫多前往京士頓。從多倫多或渥太華至京士頓的火車車程約需2小時，自蒙特婁出發則需3小時。

抵達京士頓火車站後可搭乘#18公車前往市中心，在Downtown Transfer Point下車。

VIA Rail http www.viarail.ca

自駕、租車

京士頓位於加拿大最繁忙的跨省公路401號公路上，向西通往多倫多市，向東跨過魁北克省邊界，接駁魁省20號公路通往蒙特婁。從高速公路出口611、613、615、617、619和623都可抵達京士頓市區。

京士頓市區泊船碼頭

京士頓的市營巴士

超過百年的建築遍布整個城市

京士頓市區交通

京士頓的城市範圍不大，加上市內景點十分集中，如果遊客腳力好，可以步行遊覽該城市。如果時間有限，公車以及觀光巴士提供了更有效率的旅遊方式。因為城市緊依湖泊及河流，船隻亦為重要的觀光和通勤交通工具。

公共巴士

由市營的京士頓交通局(Kingston Transit)經營的巴士系統有20多條路線，串聯京士頓與周邊城鎮。車資單趟加幣$3，另外有無搭乘限制的一日票、多次票、週票以及月票等選擇。14歲以下孩童則免費。公車上提供轉乘券，下車前向司機索取，60分鐘內可免費轉乘一次。

→ 公車票種與票價

■ **一日票**：購買開通後，可無限次數搭乘市內公車。

■ **多次票**：憑票可搭乘公車6次，票券無使用日期限制。

京士頓市區的公車

■ **Weekly Pass**：一週內可無限次搭乘公車。

■ **Monthly Pass**：一個月內可無限次搭乘公車。乘客購買此票券需提供個人照片，照片可在京士頓市政府網站上傳提交。

票卡種類	一般票價	青少年(15～24歲)、老年(65歲以上)
單次	$3.25	$3.25
一日票	$8.25	$8.25
多次票(6次)	$16.5	$13.5
Weekly Pass	$29.25	$21
Monthly Pass	$80	$59.5

*以上幣值為加幣。資料時有變動，請依官網公告為準

→ 哪裡購票

單次票可在公車上向司機購票。一日或多次以上票券則需在以下定點購票：

• **京士頓市府**

✉ 216 Ontario Street, Kingston, ON K7L 2Z3

• **Cataraqui Centre**

✉ 945 Gardiners Road, Kingston, ON K7M 7H4

• **遊客服務中心**

✉ 209 Ontario Street, Kingston, ON K7L 2Z1

• **Shoppers Drug Mart**(市內多處據點)

亦可在京士頓市府網站上預先購票。

http www.cityofkingston.ca/pay

此外，Uber在京士頓是合法經營，可多加利用。

http www.uber.com/en-CA/cities/kingston

好用觀光資訊

→ 觀光巴士

如果沒有太多時間，但又想一網打盡京士頓的觀光景點，隨到隨搭的觀光巴士(Kingston Trolley)是最方便的選擇。全程75分鐘，一共停靠9個經典景點，司機搭配預錄廣播隨行講解(導覽以英文進行，遊客亦可要求中文解說)。

遊客可至巴士售票亭購票，或上網預訂。亦可購買包含觀光巴士以及千島湖遊輪的K-Pass，票價更為優惠。

觀光巴士、千島湖遊船售票亭 ✉ 1 Brock Street, Kingston, Ontario K7L 1R7
Kingston Trolley購票 http www.kingstontrolley.ca

票價依照使用天數而不同(須外加HST稅金)

票卡種類	成人	兒童(2～15歲)
城市導覽(1小時)	$39	$32
自由上下車(24小時)	$48	$38
自由上下車(48小時)	$60	$48
自由上下車(72小時)	$72	$57

*以上幣值為加幣，1歲以下孩童免費。資料時有變動，請依官網公告為準

隨到隨搭的觀光巴士

→ 千島湖遊船

登船遊覽千島湖是前來京士頓最重要的活動之一。除了選擇不同時間長度的遊河，還可以選擇在船上享受午餐或晚餐。

夏天為遊船旺季，建議事先於網路上購票。購票後列印憑證，於搭船當天前往京士頓市中心遊船售票亭兌換船票，方能上船。

http www.1000islandscruises.ca

遊船票價

遊船種類	成人	兒童 (2～15歲)	嬰兒 (0～1歲)
Heart of the Island (3小時)	$54	$43	$5
Discovery Cruise (90分鐘)	$38.5	$29	$5
Sunset Dinner Cruise (3小時)	$48	$48	$5

*以上幣值為加幣。資料時有變動，請依官網公告為準

千島湖上的遊船

→ K-Pass觀光套票

想要輕鬆看盡京士頓以及千島湖的景點，最好的方法就是購買K-Pass觀光套票。這份套票包含90分鐘或是3小時的千島湖遊船行程(兩種行程票價不同)、隨到隨搭的觀光巴士，以及所有參觀景點和博物館的門票。旅客可以選擇24、48或72小時的效期，並指定起始日期，以符合自己的

K-Pass旅遊套票

參觀行程。除此之外，K-Pass還提供京士頓市內餐廳以及自行車租賃的優惠。

■**如何購票：**千島湖遊船為套票主要行程，需事先預約，因此建議上網購買K-Pass。

■**票價：**24小時套票為加幣$119起；48小時套票加幣$145起；72小時套票加幣$175起

K-Pass購票 http www.kpass.ca

→ 其他旅遊諮詢

京士頓旅遊局的官方網站提供了十分詳盡的城市景點及行程資訊，網站甚至有中文版本，是規畫京士頓旅遊的好幫手。位於遊船碼頭旁的旅客服務中心提供專人的諮詢，態度和藹親切。

209 Ontario Street, Kingston, Ontario K7L 2Z1
http www.visitkingston.ca/cn

販售千島湖遊湖以及K-Pass的票亭

 砲彈防禦塔抵抗美軍入侵

墨內塔
Murney Tower National Historic Site

這棟火箭般的建築位於安大略湖岸，建於1846年。形式稱為馬爾特羅塔（Martello Tower），墨內塔被一極深的壕溝圍繞，牆壁特別厚實，足以抵擋砲彈的攻擊，是京士頓抵抗美國入侵的五大軍事要塞之一。

目前墨內塔改為博物館，2樓陳列了一組超過5公尺，可360度旋轉的舊砲台、地下室3個圓形空間是當年儲存砲彈的彈藥庫，還有當年禁閉士兵的監牢。館內也展示了駐防

塔內展品講述當年士兵的日常生活

墨內塔見證了對抗美國侵略的歷史

士兵的生活用品，從烹調的鍋爐餐具、軍服、給家眷的往來書信，還原了19世紀末駐紮士兵的日常。

---

2 King Street West, Kingston, ON K7L 3J6 (613)507-5181 週一～日10:00～17:00 9月初～5月中 免費，建議於入口處樂捐加幣$5作為入場費 搭乘公車#3 在King Street上的George Street站下車 http www.kingstonhistoricalsociety.ca MAP P.161

千島湖遊船
Kingston 1000 Islands Cruises

千島湖是指位在安大略省格納諾克市(Gananoque)和京士頓兩個城市之間的聖羅倫斯河河域,全長約80公里。1,865個島嶼星羅棋布河流中,島上屋舍掩映樹叢,水上帆船點點,宛若童話仙境。

美加國界蜿蜒穿過聖羅倫斯河中線,千島湖一分為二,美國紐約州在南岸,北岸則是加拿大的安大略省。1,000多個島嶼中,近6成位於加拿大境內,包含最大島沃非島(Wolfe Island),但其他島嶼面積皆較美國境內的來得小。群島中島嶼大者可長達數百公尺,多已闢路行車;小者多是露出水面的礁石,僅供鷗鳥站立。島上的建築形式各異,有的是現代洋房,有的是歐式度假小屋,共通點都是有小船停靠的碼頭。

千島湖區重要景點

國際大橋(Thousand Islands International Bridge):該橋連接美國和加拿大,長27公尺,橋的中央是兩國的分界。雙線道的大橋橫跨聖羅倫斯河的兩岸,一邊是美國的威勒斯里島(Wellesley Island),另一端是加拿大希爾島(Hill Island)。

愛心島(Heat Island)上的波德城堡(Boldt Castle):1900年美國富豪George Boldt投注了2,500萬美元,在島上興建一座歐洲風格古堡作為他愛妻的禮物。城堡還未完工,妻子竟然撒手離世。波德先生悲痛之餘下令停工,從此不再踏足此島。1977年美國千島湖橋梁管理局接手此城堡,6層樓的城堡修復後終於與世人見面。

黑暗島(Dark Island)上的歌手城堡(Singer Castle):這座壯麗的城堡是美國商人Frederick Bourne在19世紀末所建。特殊的是城堡內有許多祕道,是主人在美國禁酒時期,偷渡賓客前來此處飲酒作樂。

1

> ### 遊船路線
>
> 　千島湖遊船有2條路線:分別從京士頓、格納諾克市出發。
>
> **・由京士頓出發**:路線全程在加拿大境內。
> **・由格納諾克市出發**:這條路線,部分島嶼(如愛心島以及黑暗島)隸屬美國國土,若從加拿大前往,旅客須事先申請美國簽證(ESTA)方能前往參觀。

1.橫跨兩國國界的千島國際大橋(圖片來源：Ontario Tourism)／2~3.遊千島湖的遊船／4.船上專注演奏的音樂家／5.千島湖上大島的小鎮景色／6~8.小島上形形色色的私人別墅

Kingston 1000 Islands Cruises

✉ 1 Brock Street, Kingston, ON K7L 5P7 ☎ (613)549-5544 ⏰ 週一～日10:00～17:00，休 無 💲 成人加幣$38.5起，詳細票價請見官網 ➡ 搭乘公車#3、#12在City Hall站下車 🌐 www. 1000islandscruises.ca 🗺 P.161

City Cruises Gananoque

✉ 280 Main Street, Gananoque, ON K7G 2M2 ☎ (613)382-2144 ⏰ 週一～日08:00～20:30，不同季節營運時間不同，請見官網 休 無 💲 成人加幣$25起，詳細票價請見官網 ➡ 需開車前往，離京士頓20分鐘車程 🌐 www.cityexperiences.com 🗺 P.161

千島醬的由來

　　這個大家耳熟能詳的沙拉醬起源有多種版本，目前以京士頓千島湖的版本最為可信。

　　據說這個醬汁最早是由一位千島湖區的漁夫的妻子為其準備的午餐醬料。因為十分可口，醬料的配方透過一位當地女演員輾轉傳到當時的富豪George Boldt手中。富豪命旗下飯店廚師將醬汁列入餐廳的菜單之中，從此聲名遠播，終成一代名醬。

京士頓市政廳
Kingston City Hall

海馬
老爸

坐落於安大略湖畔，這座新古典主義風格的大樓落成於1844年，是當年加拿大省的首都，見證了200多年來加拿大歷史的發展。

外觀為白色石灰岩，圓弧穹頂以及鐘塔，聳立屋頂；大樓內最吸引人的是在紀念廳裡的12座彩繪玻璃。描繪著在第一次世界大戰中，前往海外服役的船員、護士、空軍戰士等，每一幅色彩鮮豔，栩栩如生，極具藝術價值。

遊客可以走入市府大樓，在1、2樓自由參觀，或是參加夏季期間每天上午10點到下午4點的免費導覽，對市政廳的瞭解將更加深入。

✉ 216 Ontario Street, Kingston, ON K7L 2Z3 ☎ (613)546-4291 ⏰ 週一～五08:30～16:30 ❌ 週六～日 💲 免費 ➡ 搭乘公車#3、#12在City Hall站下車 🌐 bit.ly/2G53PQN 🗺 P.161

1.製作精細的12座彩繪玻璃窗是參觀市政廳的重點之一／**2.**市政廳與遊客中心只有一街之隔／**3.**遊客中心旁陳列的歷史火車頭／**4.**市政廳的假日農夫市集

安大略省最大的軍事堡壘

亨利堡
Fort Henry
National Historic Site

海馬老爸

與京士頓一水之隔，亨利堡是安大略省最大的堡壘。高踞在聖羅倫斯河與安大略湖交界的山坡上，視野極佳，是1812年為了防禦美國軍隊入侵京士頓的建築工事。完工後戰事始終沒爆發，歷經英軍以及加拿大軍隊的駐紮，甚至廢棄了數十年，1938年才被政府修葺，開始對外開放。

穿過堡壘前寬大的草坪，高踞山頭的絕佳視角俯瞰聖羅倫斯河。一位身穿制服的年輕衛兵在堡壘入口迎接遊客，自此一路導覽，介紹19世紀駐守的士兵以及家眷在此生活的樣貌。由於當年在此駐軍的人數極多，各種官階皆有，不乏眷屬入住堡壘，因此碉堡也是一個聚落。堡壘裡的各個展示間如彈藥室、洗衣房、大型廚房、士兵宿舍等，都有穿著19世紀服裝的人員進行講解。遊客亦可坐進一間成立於1867年的維多利亞學堂(Victoria School)，體驗當年碉

堡的學生生活。

除了靜態的展示，夏季裡每天舉辦的儀隊分列式(Garrison Parade)，以及每週三傍晚日落典禮(Sunset Ceremonies)的火炮表演，都是不容錯過的精采演出。如果想試試古老的來福槍，可在禮品店購票後，由堡壘的衛兵教你如何射擊。

> ✉ 1 Fort Henry Drive, Kingston, ON K7K 5G8 ☎ (613)542-7388 ⏰ 週一～日10:00～17:00 ✖ 12/25 💲 成人加幣\$20，學生及兒童加幣\$13，4歲以下幼兒免費 ➡ 搭乘公車#12、#602在Royal Military College下車，沿Fort Henry Drive步行10分鐘 http www.forthenry.com MAP P.161

1.身著紅色制服的年輕學生士兵負責堡壘內導覽／**2.**解說員是身穿傳統服飾的婦女／**3~4.**當年的堡壘設施被完整保留／**5.**當年士兵宿舍一角／**6.**亨利堡內出操排練的士兵／**7.**從亨利堡觀看京士頓的景致

古老大學中的青春氣息

皇后大學
Queen's University

BBC英國國家廣播電視台在2013年將京士頓譽為全球五大大學城之一，絕對歸功於位於京士頓的皇后大學(Queen's University)。以英國維多利亞女王為名，創立於1841年，是全加拿大第二古老的大學。皇后大學的學術水準極高，世界最佳大學的排行多落在90名左右，是全球百大大學之一。學校幅員雖然不大，但處處可見18、19世紀哥德式以及新古典主義建築。漫步在古老的校舍間，綠地和運動場上加油聲陣陣，年輕學子的青春活力展現無遺，是歷史大學城獨特的景象。

▶落成於1905年的Grant Hall公認是皇后大學的地標建築
▼假日午後練習中的女子足球賽

皇后大學是加拿大傳統四大名校之一

✉ 99 University Avenue, Kingston, ON K7L 3N6 ☎ (613)533-2000 💲 免費 ➡ 搭乘公車#17D、#17W在West Campus Lane上的Jean Royce Hall站下車 🌐 www.queensu.ca 🗺 P.161

興建於1903年的安大略館(Ontario Hall)

首任總理的故居

貝爾瑜舊宅
Bellevue House National Historic Site

白綠相間，造型典雅的義式度假屋建築

這棟白色木屋綴以綠色簷裙以及廊柱，經典義大利度假屋形式的建築，在京士頓地區絕無僅有。它也是加拿大首任總理麥當勞(John Alexander Macdonald)的居所。他與妻子、兒子於1848～1949年在此居住，兒子過世後即搬離此地。

前來此古蹟遊覽，不妨先到屋旁的遊客中心觀賞影片和相關古物，了解麥當勞總理的生平事蹟，然後再前往舊宅，讓穿著1840年代服飾的導覽人員迎接你，一覽當年總理的居家日常。

✉ 35 Centre St, Kingston, ON K7L 4E5 ☎ (613)545-8666 ⏰ 夏季(7/1～9/4)週一～日10:00～17:00 休 9月初～6月底週二、週四休館 💲 成人加幣$8，老年人加幣$7 ➡ 搭乘公車#2在Division/Calvin Park下車，或搭乘公車#3在Kingscourt/Polson Park站下車 🌐 bit.ly/2lcgkvr 🗺 P.161

 展示監獄中的各式刑具、制服

京士頓監獄博物館
Kingston Penitentiary Museum

位於京士頓監獄正對面，一棟兩層樓石砌洋房是多次得到國際大獎的監獄博物館。建於1873年，前身是典獄長的住宅，博物館以多樣化的內容展示150年來的獄中黑暗面。從歷年獄監的制服、各種大小刑具、罪犯的防身武器和逃獄的工具、牢房等，還原了一部血淚斑斑的犯罪史。最怵目驚心的是1樓展間中央的行刑床，以及牆邊的水刑刑具，令人望之背脊涼意陣陣。

當年用來懲罰罪犯的水刑刑具

2樓展示了受刑人在獄中服刑時期的藝術創作。不論是油畫或是雕像，都可看出當年牢裡罪犯尋求救贖的心路歷程。

典獄長官舍改裝成的博物館

✉ 555 King Street West, Kingston, ON K7L 4V7 ☎ (613)530-3122 ⏰ 5/1～11/3週一～日09:00～16:00，最後入館時間15:30 休 11～4月 💲 自由樂捐，建議每人加幣$5 ➡ 搭乘公車#501在King Street West上的Sir John A Macdonald Blvd站下車 🌐 www.penitentiarymuseum.ca 🗺 P.161

隱身祕密花園的餐廳

Chez Piggy Restaurant & Bar

海馬老爸

想找到這家餐廳，需要鑽入狹小巷弄，不是熟客或是沒人帶路還不容易尋到。到了餐廳，偏偏又是高朋滿座！這家位於百年老屋群的中庭裡，是TripAdvisor名列前茅的人氣餐廳。

春季裡庭院的木蘭花盛開像棵樹，花下用餐浪漫到極點；在室內享用美食又是另一種風情──兩層樓古老的石灰岩壁與橡木樓梯和酒櫃對話著，彷彿回到19世紀末的京士頓。

▲隱密的中庭花園是Chez Piggy最受歡迎的用餐環境

◀美味的鮪魚沙拉

雖是西式餐點，但不論食材或是烹調，都多了些加拿大東岸的風格。點一份生煎干貝，煎成金黃的干貝柔滑似絲，咬嚼的瞬間海味自齒間迸出。

以小豬為店名當然少不了逗趣的小豬做裝飾

✉ 68 Princess Street, Kingston, ON K7L 1A5 ☎ (613)549-7673 🕐 週一～六11:30～21:00，週日 10:00～21:00 休 無 $ 約加幣$30/人 ➡ 搭乘公車#12 在Princess Street上的King Street East站下車 http www.chezpiggy.com MAP P.161

美味的窯烤薄脆披薩

Wood Heads Gourmet Pizza

海馬老爸

位於市政府大樓旁，Wood Heads可能是市內最好吃的披薩餐廳。吸引顧客上門的，不只是因為明亮挑高的空間，還有絕佳的用餐氣氛，以及悠閒的街邊露天座位。所有披薩以柴火窯燒，揉製恰到好處的麵皮頗有嚼勁，柴火更增添餅皮的香氣。

在薄而脆的餅皮上激盪出好滋味。除了披薩，餐廳的酒單十分完整，不少熟客挑在晚餐後前來，點一瓶葡萄酒，要上幾份tapas小菜，享受京士頓夜晚的美好。

皮薄餡多是Wood Heads Pizza的特色

熱絡的戶外用餐區

試試招牌的獵人燴雞披薩(Cacciatore Pizza)，檸檬雞、義大利培根、蘑菇和莫扎瑞拉起司

✉ 192 Ontario Street, Kingston, ON K7L 2Y8 ☎ (613)549-1812 🕐 週一～日11:30～23:00 休 無 $ 約加幣$15～25/人 ➡ 搭乘公車#3在Ontario Street上的Johnson Street站下車 http bit.ly/2xK6RI0 MAP P.161

在古蹟磚樓中欣賞窗外市政廳

Kingston Coffee House

有什麼比坐在窗邊，把欣賞19世紀古蹟大樓當作午後餐點佐咖啡更愜意的事？Kingston Coffee House藏身在一棟古老磚樓裡，敞開窗，京士頓市政廳走進視窗裡。每到週末，場景換成市政廳廣場上的跳蚤市場、農夫市集、拿著鮮花、扛著古董的人們來來往往。咖啡館內是一派的極簡主義，兩面紅磚牆素雅靜穆立在身後，咖啡香氤氳，時間彷彿凝結在1844年市政廳落成的那一天。

窗外即是市政廳大樓的身影

大片的原始磚牆文青味十足

✉ 322 King Street East, Kingston, ON K7L 3B4 ☎ (613)531-7994 🕐 週日～四07:00～19:00，週五～六07:00～20:00 🚫 無 💲 約加幣$5～10 ➡ 搭乘公車#12在King Street East上的City Hall站下車 🌐 www.facebook.com/KingstonCoffeeHouse 🗺 P.161

在地人的雜貨店餐廳

Pan Chancho Bakery & Cafe

位於King Street後段的這家複合式雜貨店是知名餐廳Chez Piggy的姊妹店。經過門口，首先你會被他們的歐式麵包香味給吸引。推門而入後，瞪大眼睛才知道Pan Chancho Bakery & Cafe不只是一家雜貨店，也是販售當地蔬果的菜攤。當你看到結帳櫃檯後面有用餐區，絕對更訝異於該咖啡館不只提供全京士頓最有名的早

素食占店裡的熟食極大比例

午餐，在庭院用餐區裡享用晚餐更是當地人夏日夜晚的享受。店員高

Pan Chancho Bakery & Café的外觀

聲與你打招呼，即便你第一次踏入這家店，她的熱情讓你誤以為你們已經認識了20年。

✉ 374 Yonge Street, Toronto, ON M5B 1S6 ☎ (647)748-6660 🕐 週一～六08:00～17:00，週日08:00～15:00 🚫 無 💲 約加幣$10～15 ➡ 搭乘地鐵#1在Dundas Station站下車，出站沿著Yonge Street北行，過了Walton Street就在左手邊 🌐 panchancho.com 🗺 P.161

渥太華
城市漫遊

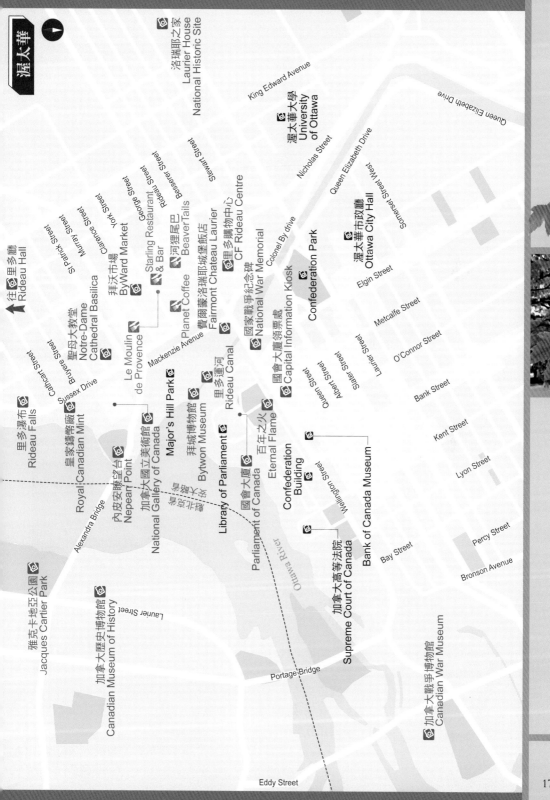

洛瑞耶之家
Laurier House
National Historic Site

King Edward Avenue

Queen Elizabeth Drive

渥太華大學
University
of Ottawa

Nicholas Street

Queen Elizabeth Drive West

Somerset Street West

往 里多廳
Rideau Hall

George Street

Rideau Street

Bessarer Street

Stewart Street

York Street

Clarence Street

Murray Street

St Patrick Street

拜沃市場
ByWard Market

Starling Restaurant
& Bar

河狸尾巴
BeaverTails

費爾蒙洛瑞耶城堡飯店
Fairmont Chateau Laurier

里多購物中心
CF Rideau Centre

國家戰爭紀念碑
National War Memorial

Colonel By drive

渥太華市政廳
Ottawa City Hall

Elgin Street

Metcalfe Street

Catcart Street

BuVere Street

聖母大教堂
Notre-Dame
Cathedral Basilica

Le Moulin
de Provence

Planet Coffee

Mackenzie Avenue

國會大廈領票處
Capital Information Kiosk

Confederation Park

O'Connor Street

Laurier Street

Slater Street

Bank Street

里多瀑布
Rideau Falls

皇家鑄幣廠
Royal Canadian Mint

內皮安瞭望台
Nepean Point

加拿大國立美術館
National Gallery of Canada

Sussex Drive

Major's Hill Park

拜城博物館
Bytown Museum

里多運河
Rideau Canal

Queen Street

Albert Street

Slater Street

Kent Street

Lyon Street

Alexandra Bridge

加拿大國會大廈
Library of Parliament

國會大廈
Parliament of Canada

百年之火
Eternal Flame

Confederation
Building

Wellington Street

加拿大高等法院
Supreme Court of Canada

加拿大國會大廈

Bank of Canada Museum

Bay Street

Percy Street

Bronson Avenue

雅克卡地亞公園
Jacques Cartier Park

加拿大歷史博物館
Canadian Museum of History

Laurier Street

Ottawa River

Portage Bridge

加拿大戰爭博物館
Canadian War Museum

Eddy Street

政治與科技業中心——渥太華
Ottawa

國會山莊氣度恢弘，是加拿大國家最高政府機構所在之處

→ 地理位置

渥太華(Ottawa)是加拿大的首都，俗稱「渥京」。城市位於安大略省東南部，北方緊鄰渥太華河，距離多倫多400公里，蒙特婁在東方190公里處。

身為首都，渥太華雖然不是中央政府直轄的城市，但其土地和城市規畫是由國家首都委員會(National Capital Commission)負責管理。

加拿大銀行博物館

→ 氣候

渥太華屬於溫帶大陸型濕潤氣候，四季氣溫十分極端。冬季最低氣溫歷史紀錄是1943年的攝氏零下36度，使渥太華成為僅次於蒙古國首都烏蘭巴托，全世界第二寒冷的首都。

渥太華夏季極短，氣候溫暖潮濕。7月的平均氣溫為26度；因為地形關係且緊鄰河流，夏季濕度高且悶熱。

1月是全年最冷的月分，夜間平均氣溫為零下25度，體感溫度

在國會大廈索票中心前廣場的加拿大精神領袖Terry Fox雕像

主街Wellington Street街上燈柱掛著加拿大各省分的標誌

可達零下40度。平均年降雪量為235厘米，11～4月間城市為冰雪覆蓋，必須等到5月底維多利亞日之後，人們才開始園藝活動。

→ 人口

根據2021年人口統計，渥太華市有102萬人，排名全加拿大第四；大都會區有149萬人，是全加拿大排名第五的都會區。人口組成中，超過8成是來自英國、愛爾蘭、法國和義大利的歐洲移民，亞裔次之。

→ 經濟金融

因為是加國首都所在，政府單位以及行政部門聘用了超過10萬人，占該市就業人口極大的比例。

高科技產業是另一個經濟支柱。渥太華市是加拿大的資訊科技中心，多家科技企業總部設立在渥太華。為數眾多的跨國科技公司，包括Alcatel-Lucent、IBM、Cisco Systems等，加拿大總部都落腳渥太華。

→ 歷史

數個世紀以前，加拿大原住民亞岡昆族(Algonquian peoples)便已生活在渥太華河流域。亞岡昆人將該河稱作「Kichissippi」，為「大河流」之意。

19世紀初英國人為了防禦美國入侵，開始在此地開墾。1832年，約翰·拜(John By)上校主導的里多運河竣工，將渥太華和安大略湖邊的京士頓連為一體，成為軍事補給以及商業運輸的重要渠道，使之成為地區重鎮，在經濟以及國防重要性上有大躍進。

1857年12月31日，維多利亞女王選擇渥太華為加拿大省的首都。當年渥太華不過是一個以木材貿易為主的內陸小鎮，與殖民地大城相距數百公里，顯然不是理想的首都之選。然而選擇渥太華作為首都有幾個國防和政治考量因素：

· 渥太華位於當年加拿大省東西部交界(現安大略與魁北克省邊界)，定都於此將可平衡英、法兩個殖民後裔的紛爭。

· 經過1812年與美國的戰爭，對於預防美國再次攻擊有其必要性。渥太華距離美加邊界較遠，且位於河流一方，易於防守。

· 渥太華正好介於多倫多和魁北克城之間，城市規模較小，不容易受到大規模的暴徒襲擊。

二次大戰後，渥太華經過都市計畫改造而改頭換面。2001年，渥太華與周邊地區小城鎮合併，成為目前的渥太華大都會區。如今的渥太華市街容寬大整齊，政府機關、議會大廈、各國使節駐館、國立博物館等林立，每年吸引數十萬遊客前來觀光。

銅頂石牆的歷史建築在渥太華隨處可見

前往渥太華

瀕臨三條河流，位於安大略省和魁北克省的交界處，介於加拿大東岸多倫多與蒙特婁兩大都會區的之間，不論是以火車、巴士或是飛機都在半天內可達。渥太華之所以被英國女王選為加拿大的首都，交通便捷是主因之一。

搭乘飛機

麥克唐納-卡地亞國際機場(Macdonald-Cartier International Airport，IATA代號：YOW)

麥克唐納-卡地亞國際機場位於渥太華市南方約10公里，提供前往加拿大國內各城市以及美洲、歐洲各國航線的服務。

→ 往來機場交通

有3種方式往來機場：計程車、機場接駁巴士、公車。

■計程車

往來市區與機場間的計程車資約加幣$20～30之間，車程約20分鐘。

■機場接駁巴士(YOW Airporter)

前往市區的數個飯店，單程收費加幣$14，來回票價加幣$24。 http www.yow.ca

■公車

97號公車是機場與渥太華市區唯一的大眾交通工具，市區終點站為里多購物中心的Mackenzie King Transitway。

搭乘巴士客運

提供渥太華至多倫多、蒙特婁以及其他北美城市間載客的客運公司為Voyageur/Greyhound，巴士總站位於市中心Catherine Street和Kent Street的路口。可花費加幣$10左右搭乘計程車，或搭乘4號巴士從巴士總站抵達市中心。若以步行，花費時間約為15分鐘。

渥太華巴士總站 ✉ 265 Catherine Street, Ottawa Ontario
Greyhound 巴士公司 http www.greyhound.ca

由OC Transpo所營運的渥太華市公車

搭乘火車

行經渥太華的鐵路公司為VIA，每日有5班列車往來多倫多；6班列車往來蒙特婁。在週末與國定假日列車將減少班次。往來多倫多至渥太華的車程約4.5小時，自京士頓和蒙特婁出發約2小時可抵達。

VIA火車 http www.viarail.ca

渥太華有2個火車站：靠近市中心的Ottawa Station以及市區西南邊的Fallowfield Station。從市中心可搭乘公車#95至這2個車站，約15分鐘可達Ottawa Station，Fallowfield Station較遠，搭車時間需時30分鐘。

自駕、租車

從多倫多開車前往渥太華，可選擇401、406或7號高速公路，車程約為4.5小時。從蒙特婁前往渥太華需取道417號公路，行車時間約為2小時。

若從美國前往渥太華，可經由I-81公路，自美國海關Ogdensburg至渥太華，行車時間約為1小時15分鐘。

由魁北克省向西進入渥太華，高速公路路標為英法雙語標示

渥太華市區交通

公車與輕軌電車

渥太華的公共交通包含公車以及輕軌電車系統，由OC Transpo所運營。
■公車：是渥太華旅行最方便的交通工具，外型為紅白兩色相間，停靠站多且班次頻繁。
■輕軌電車(O Train)：雖然停站數較少，路線較單一，但是發車時刻固定而且頻繁。

→ 票價

市區公車或是輕軌電車的票價相同。使用儲值卡Presto/ParaPay則可享優惠價。一日票單一費用為加幣$10.5，購買當天有效；成人月票為加幣$116.5。若只是短期至渥太華旅遊，選擇一日票較划算。

單程票價

票卡種類	一般票價	老年人 (65歲以上)	兒童 (12歲以下)
PRESTO／ParaPay／信用卡支付	$3.7	$2.8	免費
現金	$3.75	$2.85	免費

*以上幣值為加幣。資料時有變動，請依官網公告為準

渥太華的市區公車

→ 如何購票

不論是單次搭乘或是一日券皆可在車上或是O-Train Station(除了Bayview站)的購票機購買。

月票以及Presto儲值卡,則須至OC Transpo的客服中心,或是Shoppers Drug Mart、Loblaws、Real Canadian Superstor的櫃檯購買或儲值。

OC Transpo Customer Service Centres

✉ **Lincoln Fields Station**:2451 Carling Ave, Ottawa, ON K2B 7G9

✉ **Rideau Centre**:3F, 50 Rideau St, Ottawa, ON K1N 9J7

http www.octranspo.com

候車亭與公車站牌

計程車

計程車在渥太華是頗為方便的交通方式。一般需以電話叫車,前150公尺起跳價為加幣$3.8,每86公尺跳錶加幣$0.18。

Blue Line Taxi ☎ 613-238-1111

Capital Taxi ☎ 613-744-3333

Uber http www.uber.com/en-CA/cities/ottawa

步行

渥太華的市區並不大,非常適合以步行來認識這個城市。渥太華市中心以里多運河和渥太華河的交匯處一分為二,以東是國會大廈所在處的「上城」,博物館與政府辦公大樓林立;以西為庶民生活集中的「下城」,以拜沃市場為中心。

出發前可先至World Exchange Plaza大樓裡的旅客服務中心索取地圖和觀光手冊,開始你的城市探險。

World Exchange Plaza大樓

✉ 111 Albert Street, Ottawa

寬廣的行人徒步區

好用觀光套票

Hop-on Hop-off Bus

Gray Line隨到隨搭觀光巴士的路線涵蓋了國會山莊、拜沃市場、皇家鑄幣局、里多廳等11個渥太華重要的景點。可選擇1天或是2天的巴士行程，好好地欣賞渥太華。

渥太華的隨到隨搭觀光巴士

→ 營運時間

每年5～10月10:00～16:00，7～9月每日延長至18:00。每小時發車，行車時間約90分鐘。11月至隔年4月為旅遊淡季，觀光巴士無營運。

→ 如何購票

可在任一停靠景點上車後向司機購票。或前往位於Sparks Street和Elgin Street路口的Gray Line售票亭購買。

http www.ottawatourism.ca/member/gray-line-ottawa

鴨子船Amphibus

想以不同角度欣賞渥太華？選擇鴨子船就對了！這艘水陸兩用的觀光公車帶你上山下海，飽覽渥太華河兩岸的風景。

© 每年5～10月中，行車時間約為60分鐘

http ladydive.com

渥太華博物館套票
Visit Ottawa Pass

這份套票為博物館愛好者提供了經濟實惠的觀賞方案——從渥太華市7個博物館內任選3個來參觀，票價只要加幣$35。另可根據自己的行程需要，選擇單日或3日的套票。

票價

票卡種類	成人	兒童和幼兒 (12歲以下)
1日票	$59	$42
3日票	$94	$69

*以上幣值為加幣。資料時有變動，請依官網公告為準

套票使用須知
· 購買後60天內有效
· 於第一次開始使用的24或72小時內有效

→ 參與套票的7家博物館：

■加拿大農業與食物博物館Canada Agriculture and Food Museum

■加拿大航太博物館Canada Aviation and Space Museum

■加拿大歷史博物館Canadian Museum of History

■加拿大自然博物館Canadian Museum of Nature

■加拿大戰爭博物館Canadian War Museum

■加拿大國立美術館National Gallery of Canada

■加拿大科技博物館Canada Science and Technology Museum

✉ **購票地點：** 在參與的7家博物館櫃檯、網站或Capital Information KIOSK(90 Wellington Street, Ottawa, ON)

http museumspassport.ca

國會大廈
Parliament of Canada

海馬
老爸

坐落於渥太華國會山(Parliament Hill)上的渥太華國會大廈,前望渥太華市區,背臨渥太華河,與魁北克省相鄰,是聯邦政府所在地。她不只是加國首都的標誌,更是加拿大國家精神的象徵。

國會山莊共有3座建築:中央大樓(Centre Block),也就是國會大廈;另兩座為東西兩側的西大樓(West Block)和東大樓(East Block)。目前僅國會大廈以及東大樓對外開放參觀。

1858年英國維多利亞女王選擇當時稱為「Bytown」的渥太華為首都,國會大廈於1959年動土開工,落成於1876年。1916年一場無名大火燒毀了中央大樓,災後大規模重建。11年後修建完成,高聳的和平塔登場,矗立在國會大廈的正中央。

砂岩外觀的國會大樓建築風格為哥德式,以和平塔為中心,左右兩翼對稱延伸,內為參眾議院的會議廳以及國會圖書館所在地。進入國會大廈,大廳懸掛歷年總理的大幅畫像,氣氛肅穆;在導覽人員的介紹下,參觀各個議會廳、全國各省的文物陳列於川廊走道,加國的文化與民主運作程序一一呈現。

1.國會山莊廣場舉辦的國慶大典(圖片來源:Ontario Tourism)/2.國會大樓廣場前的百年之火/3~4.國會大廈外的雕塑群/5.國會大廈外觀的雕塑/6.國會山莊內參議院的議場,中間的大位只保留給英國皇室或是加拿大總督使用/7.國會圖書館外觀/8.有如美術館的國會圖書館/9.和平塔鐘樓/10.內部的牆壁採當地的石材,呈現數萬年前的化石紋路/11~12.國會大廈內部莊嚴華麗如歐式古堡

著名景點

　　百年之火(Eternal Flame)：國會大廈前廣場的入口處，圓形的焚火台中央火焰熊熊燃燒，長年不熄。加國10個省分以及3個地方的徽章、加入聯邦的日期刻於焚火台四周，是1967年為了紀念加拿大建國百年所建。

　　雕塑群：環繞在國會大廈四周，立有超過20座名人雕像，其中最有名的是立於1885年的《Sir George- tienne Cartier》塑像，以及象徵女性政治權的5名女子雕像《五位名人》(The Famous Five)。在國會大廈後方，可以俯瞰渥太華河，遠眺魁北克省加丁尼市(Gatineau)。

　　和平塔(Peace Tower)：這是為了紀念第一次世界大戰中犧牲性命的加拿大烈士而建。塔高92.2公尺，銅綠的屋頂旗桿飄揚楓葉旗，其下是直徑4.8公尺的4面時鐘。鐘塔內有一巨大琴鐘組，包含了不同音階的銅鐘53個，個個連動，重達55噸。每年7～8月，鐘塔每天中午敲響，樂音傳遍國會山莊。和平塔內有一紀念館，弔念陣亡將士。地板的石料取自第一次世界大戰的戰場，中央的祭壇刻有烈士名字。

　　國會圖書館(Library of Parliament)：這個有著圓錐形屋頂的圖書館，是國會大樓在1916年大火裡唯一倖存的建築，多虧了當年的圖書館員在火災發生之初機警地關上圖書館大門，才讓圖書館逃過一劫。館內藏書頗豐，木製書架裝潢精巧，是參眾議會議員們尋找資料的寶庫。

185

國會山莊不可錯過的活動

　　夏季期間，每天上午10時在國會大廈前的草坪上有皇家衛兵的交接表演儀式(The Changing of the Guard)。

　　7～9月初勞工節之間的夜晚，投射在國會大廈建築上的光影秀(Sound and Light Show)。

　　7月1日加拿大國慶日，閱兵儀式和慶典。

參觀小提醒

●前往國會大廈參觀，需事先在網路上登記欲前往的日期與時間。每天參觀場次有限，且遊客眾多，建議在前往參觀前幾天事先網上預訂，以確保行程順利。

●參觀當日請提前25分鐘抵達，預留安檢的時間。

●國會大廈安檢嚴格，禁止攜帶大型背包入內，背包需在索票中心寄存。建議遊客攜帶小肩包，輕裝便服前往參觀。

✉ 111 Wellington Street, Ottawa, ON K1A 0A9，索票中心：90 Wellington Street, Ottawa, ON K1P 1A5 ☎ (866) 599-4999 ◉ 國會大廈：週一～日09:00～17:00。索票中心：夏季週一～日09:00～16:30，其他季節開放時間有所變動，請見官網 休 1/1、7/1、12/25 💲 免費 ➡ 絕大數公車都可抵達，在Wellington Street上的Metcalfe Street站下車 http www.parl.ca MAP P.177

1~2.自和平塔頂端俯視為渥太華河和魁北克省／3.塔頂東西南北各有一隻怪獸石雕／4.國會大廈東大樓

列為世界遺產的最古老運河

里多運河和拜城博物館
Rideau Canal & Bytown Museum

海馬老爸

興建於1832年的里多運河，全長202公里，是一條連接渥太華和京士頓的運河。1812年美加戰爭中，聖勞倫斯河被美軍占領。為了軍事防衛的需求，英國政府指派約翰·拜上校(Colonel John By)監督興建。日後運河未作軍事運輸之用，卻成為商業通運的主要水路渠道；每到冬季運河結冰，化身市民的溜冰場，每年2月初渥太華最大的慶典冰雪節(Winterlude)就是在這裡舉辦。2007年里多運河被列入世界遺產，是北美現今仍在運作的最古老運河。

位於渥太河邊的里多運河水閘是作為船隻從河面進入運河之用。水閘旁的拜城博物館是渥太華最老的建築，館內展出許多運河興建時期的文物。博物館與城堡酒店隔著運河相對，眺望渥太華河，景色幽美，日落時分的夕照是該市勝景之一。

1~2.里多運河在鄰近渥太華河附近的水閘／**3.**運河夕照是渥太華絕景之一／**4.**拜城博物館展出許多運河興建的歷史和古物／**5.**市民喜歡在運河河口的公園休憩

運河水閘可供行人、單車通行

✉ 1 Canal Lane, Ottawa, ON K1P 5P6 ☎ (613) 234-4570 🕐 夏季週三～日10:00～16:00 🚫 週一～二、12/25 💲 成人加幣$8，老年人、學生加幣$5，兒童加幣$2，3歲以下幼兒免費，家庭套票加幣$18 ➡ 絕大多數公車都可抵達，在Wellington Street上的Metcalfe Street站下車 🌐 bytownmuseum.com 🗺 P.177

幕後大功臣：約翰・拜上校

出生於1779年的約翰・拜上校為英國皇家建築師，1802年初被派遣至加拿大協助修建魁北克軍事建築。1826年再度被派任修建里多運河。

當年渥太華仍屬尚未開墾的蠻荒之地，約翰・拜上校募集工人前來開挖運河。人群因此匯聚成村落，並冠以上校的姓，稱之拜城(Bytown)，是渥太華的前身。市中心的拜沃市場之名亦與其有關。

里多運河耗時6年竣工，受到大眾讚賞。但因工程困難，開銷大量超支，約翰・拜上校因此被英國政府召回，遭議會控訴濫用公帑。雖然他不斷上書抗辯，但直到他1836年過世，始終沒等到政府還他清白。

約翰・拜將軍的雕像

📷 搭海陸兩棲遊覽車

鴨子船
Amphibus

想來趟不一樣的渥太華之旅？跳上鴨子船吧！車頭像遊艇，車身豔紅色的水陸兩用觀光巴士，可容納48個人。從市中心國家戰爭紀念碑旁出發，1個小時左右的行程，司機一邊駕駛一邊導覽解說，行經市區內大部分重要景點。

全身通紅的鴨子公車在街上十分醒目

逛完渥太華，車子穿過橫跨渥太河的亞歷山大橋(Alexandra Bridge)，進入魁北克省。最有趣的部分是鴨子船從魁北克加丁尼市下水的那一刻，車子大半浸入水中，引擎轟隆隆，車身在渥太華河河面盤旋優游，從水上仰觀高崖頂的國會大廈，特別壯觀。

在渥太華河面遠看國會山莊

✉ 59 Sparks Street, Ottawa, ON K1A 0R7 ☎ (613)223-6211 🕐 5～10月初週一～日10:00～19:00；其他季節：週一～日10:00～17:00 🚫 無 💲 成人加幣$39.79，老年人、學生加幣$36.79，兒童加幣$26.79，2歲以下幼兒加幣$15.5 ➡ 搭乘公車#9、#17，在Wellington Street上的Metcalfe Street站下車 🌐 ladydive.com

美術館廣場上的蜘蛛雕像《母親》

 收藏歐洲及北美藝術品

加拿大國立美術館
National Gallery of Canada

海馬老爸

挑高空間是美術館給人的第一印象

從渥太華河上望向東邊，一座擁有高聳水晶屋頂的堡壘雄踞河岸，這是加拿大國立美術館。美術館成立於1880年，多次搬徙，於1988年遷入由加拿大知名設計師Moshe Safdie操刀的嶄新展館。這座以粉紅大理石、青銅與大量玻璃為材料的建築，雖然靈感來源是對岸的國會大廈，卻有著線條俐落、現代空間感的極簡風格。

樓高3層，美術館收藏大量的歐洲以及北美的藝術創作，包含歐洲名家如林布蘭、塞尚、竇加、高更、莫內和畢卡索等人的作品。加拿大當地的藝術創作尤其豐富，原住民因努特族(Inuit)的繪畫和雕塑、本土藝術團體7人畫繪(Group of Seven)和加拿大西岸畫家Emily Carr的畫作都是重要的館藏。

禮品書店位於1樓，販售與該美術館展品相關的周邊商品，值得一逛。美術館內設有餐廳和小酒吧，用餐環境優雅。加拿大東岸連鎖咖啡店Second Cup在此落腳，面對渥太華河，無論哪個咖啡座都擁有極佳的視野。

美術館前方大型廣場上站立一隻黑色的大蜘蛛，已成為美術館的地標之一。這座黝黑、9.2公尺高的大型雕塑以青銅和不鏽鋼鑄製而成，名稱為《母親》，是法裔美籍藝術家Louise Bourgeois的作品。蜘蛛身體高高懸掛半空中，瘦長扭曲的蜘蛛長腳從蟲身輻射而出，張牙舞爪地捍衛身下的26顆大理石雕成的蜘蛛卵。該作品複製件有3，除了渥太華，其他兩件目前置放在日本東京和英國倫敦。

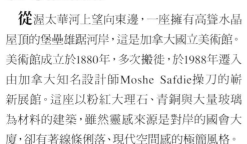

✉ 380 Sussex Drive, Ottawa, ON K1N 9N4 ☎ (613)990-1985 🕐 週二、三、五～日10:00～17:00，週四10:00～20:00 休 週一、12/25、1/1、9/5～1/2 💲 成人加幣$20，老年人加幣$18，學生和24歲以下加幣$10，11歲以下兒童及幼兒免費，家庭套票加幣$40，每週四17:00以後免費入館 ➡ 搭乘公車#9在Sussex/Bruyère站下車 http www.gallery.ca MAP P.177

市中心視野最佳的瞭望台

內皮安瞭望台
Nepean Point

　　手拿著星象盤，1613年前來渥太華河探祕的法國探險家山繆·夏普蘭(Samuel de Champlain)的雕像高據山頭，望向遠方。這是位居小丘頂端的內皮安瞭望台，是市中心的至高點，擁有360

從瞭望台遠看國會山莊

度的視野，將渥太華和魁北克省的景色盡收眼底。向西看，亞歷山大橋橫跨渥太華河，延伸向彼岸的加拿大文明博物館；向東瞧，國會山莊在不遠處的山巔，費爾蒙城堡酒店一旁陪伴，里多運河在此串接渥太

探險家夏普蘭手持星象盤的雕像。注意到了嗎？他手中的星象盤上下顛倒拿反了

華河。夏普蘭雕像下方的數排座位區名為《星象盤劇場》，偶有活動在此舉辦。

✉ 位於國立美術館西方的山丘 💲 免費 ➡ 與國立美術館同 🌐 ncc-ccn.gc.ca/places/nepean-point 🗺 P.177

 加拿大紀念幣的家

皇家鑄幣廠
Royal Canadian Mint

　　這座建於1908年的城堡門禁森嚴，是加拿大鑄幣廠的總部。加拿大一共有兩處鑄幣廠，一座在曼尼托拔省的溫尼伯市(Winnipeg)，負責製造所有加拿大市面上流通的硬幣；另一處便是渥太華的皇家鑄幣廠，舉凡特殊節慶、年度紀念幣、獎牌，甚至接受外國委託製造特殊硬幣，都在此生產。

　　參觀鑄幣廠需事先預約，參加為時45分鐘的導覽。解說員將介紹加國鑄幣的歷史、金幣製作流程，金氏世界紀錄最大的錢幣、以及讓人眼花撩亂

幾乎無人可單手拿起的10公斤重金塊

的各種金、銀幣。導覽結束後還可以親手試拿重達10公斤的金條，十分有趣。

外觀一如小型城堡的鑄幣局

溫馨提醒
如果沒有購票入場，進入鑄幣廠只能在內附的禮品店參觀，選購紀念幣。全館禁止拍照、攝影。

✉ 320 Sussex Drive, Ottawa, ON K1A 0G8 ☎ (613)993-8990 🕐 週一～日09:00～18:00，導覽行程10:15～16:00 🚫 休館日期眾多，行前請至官網查詢 💲 成人加幣$12，老年人加幣$10，兒童(5～17歲)加幣$8，家庭套票加幣$30，4歲以下幼兒免費 ➡ 搭乘公車#9在Sussex/Bruyere站下車 🌐 www.mint.ca 🗺 P.177

如窗簾般的瀑布

里多瀑布
Rideau Falls

如窗簾般垂墜的瀑布，瀑布上的便橋供行人通過

Rideau為法文「窗簾」之意，這是法國探險家夏普蘭400年前抵達渥太華第一眼看到這個瀑布時的印象。里多瀑布是里多河匯入渥太華河之處，瀑布被綠島(Green Island)一分為二，雖然只有數公尺之高，但是水量豐沛，瀑布水勢磅礴，極為可觀。

當年美加戰爭之際，原本要以里多河連通渥太華河作為軍事運輸之需。但是因為里多瀑布與渥太華河有落差，水流過於湍急，最後放棄此案，改在里多瀑布不遠的水流較緩之處，興建一座8個水閘的水道，便是當今的里多運河。

里多瀑布上架有便橋，可行走其上，近距離欣賞瀑布。

✉ 50 Sussex Drive, Ottawa, ON K1M 2K1 ☎ (613)239-5000 $ 免費 ➡ 搭乘公車#9在John/Sussex站下車 🌐 bit.ly/2TXPhpX 🗺 P.177

 二戰時期的樣板廚房

洛瑞耶之家
Laurier House National Historic Site

博物館外的遊客中心

這棟銅綠屋頂的兩層樓建築落成於1878年，兩位加拿大總理Wilfrid Laurier和William Lyon Mackenzie King曾先後在此入住。典雅的維多利亞式建築保存良好，屋內維持當年總理及其家庭居住的模樣。設備過於簡單的廚房是參觀重點：時值第二次世界大戰，為了將物資貢獻給最前線，Mackenzie King總理下令家家戶戶必須精簡自家廚房，僅保留最基本的功能，如整合煮飯的爐子與烤箱於一體。除了爐子與餐桌，廚房內沒有多餘的炊具，頗具當今的極簡主義風格。5～9月博物館提供人員導覽，需事先預約。

兩層樓的總理故居

✉ 335 Laurier Avenue East, Ottawa, ON K1N 6R4 ☎ (613)992-8142 ⏰ 5/3～6/30週二～一10:00～17:00，7/1～9月初勞工節：週一～日10:00～17:00 ✖ 9月初～5月初 $ 成人加幣$4.25，老年人加幣$3.7，17歲以下免費 ➡ 搭乘公車#19在Laurier/Chapel站下車 🌐 bit.ly/2KdmGNw 🗺 P.177

加拿大總督之家

里多廳
Rideau Hall

海馬老爸

1865年英國維多利亞女王將加拿大首都遷至當時名稱為拜城的渥太華,從那時起這棟三層樓洋房便成為加拿大總督的住所以及辦公地點,沿用至今。總督(Governor General)一職是由英國國王或女王任命,代表英國皇室在加拿大履行國家元首的責任。總督與其他國家領導人會面,接待英國皇室成員,或是表彰加拿大傑出人士等等重要儀式,都在此舉行。

這座官邸落成於1838年,是一棟維多利亞式的石造建築。除了主屋,兩廳(Mappin Wing和Monck)延伸而出,室內懸掛英國女王以及歷年總督畫像;寬大的宴會廳是英國貴族風格,帳篷屋(Tent Room)裡紅白相間的條紋從天花板直下四壁,模仿帳篷的裝潢樣式,是里多廳裡最有特色的一區。

種植一萬多棵樹木的庭園全年對外開放。碧草如茵,Canadian Heritage Garden玫瑰園自春天綻放到秋季。前來拜訪的貴賓親手植樹,成為里多廳的傳統。公園一角的樹林俗稱「友誼林」,英國皇室成員與各國使節皆在此種下樹苗。

參觀Tips

● 進入參觀須先以電話(1-866-842-4422)或 E-mail(guide@gg.ca)事先預約。
● 庭院全年開放參觀,免事先預約,開放時間 08:00～天黑。
● 園內的遊客服務中心只在7～9月對外開放。

✉ 1 Sussex Drive, Ottawa, ON K1A 0A1 ☎ (800)465-6890 ◷ 週一～日10:00～16:30 💲 免費 ➡ 搭乘公車#9 在Sussex/Alexander站下車,沿著Sussex前行即可抵達大門 🌐 www.gg.ca/en/visit-us/rideau-hall 🗺 P.177

1~2.宏偉的主屋／3.里多廳是加拿大總督的官邸／4.里多廳大門旁的遊客中心／5.里多廳的庭院植樹多達一萬株,更有代表加拿大各省的雕塑／6.名人造訪後在此親植小樹

名人最愛的城堡酒店

費爾蒙洛瑞耶城堡飯店
Fairmont Chateau Laurier

海馬老爸

位於里多運河河畔，這間豪華的飯店是費爾蒙集團下城堡飯店之一。1912年開幕，尖塔以及銅綠屋頂聳立在法國哥德風格的建築之上，1980年被加拿大政府列為國家古蹟，已是渥太華的地標之一。

該飯店跟鐵達尼號有點淵源。20世紀初太平洋鐵路公司指派總經理Charles Melville Hays負責飯店興建的監工。1912年飯店落成，盛大的開幕典禮前夕，Hays在英國登上了鐵達尼號前往加拿大，不料卻遇世紀遊輪撞擊冰山而沉沒，再也沒有機會前往飯店。

飯店擁有429個房間，曾入住過無數的名人，如約翰藍儂、羅傑摩爾等。飯店的The Reading Lounge有一張加拿大攝影大師Youshf Karsh拍攝英國首相邱吉爾的照片，畫面中的邱吉爾面帶怒意，是因為當年攝影師為了急於完成拍照，大膽搶下邱吉爾手中的雪茄，首相的怒氣於是千古留在相片中。

費爾蒙洛瑞耶城堡飯店位於渥太華上城與下城區的交壤處

大廳裡鍍金的郵箱

飯店內洛瑞耶爵士雕像

✉ 1 Rideau St, Ottawa, ON K1N 8S7 ☎ (613)241-1414 💲 免費 ➡ 搭乘公車#5、#6、#7在Elgin/Wellington站下車 🌐 www.fairmont.com/laurier-ottawa 🗺 P.177

里多運河的水閘口緊鄰費爾蒙洛瑞耶城堡飯店，每當夕陽西下，落日在渥太華河上金光閃閃，映照飯店側牆一片橘黃，是城市裡黃昏勝景之一。

Zoe's Lounge是飯店的茶屋餐廳，每天下午14:00開始的英式下午茶風評極佳，不僅飯店住客捧場，也吸引眾多遊客前來品嘗。

在高大的哥德風格城堡飯店旁，是欣賞里多運河夕陽的絕佳景點

 星斗滿屋的教堂

聖母大教堂
Notre-Dame Cathedral Basilica

從國會大廈向東北望去，兩座尖塔一身銀光，在豔陽下閃耀，這是渥太華聖母大教堂。位於加拿大國家美術館正對面，這座教堂是哥德式與新古典主義混合的建築風格，是渥太華現存最古老的教堂，1990年被列為國家古蹟。

教堂主建築完成於1846年，12年後兩座70公尺高的尖塔才完工。建築外觀左右對稱，莊重典

雅；彩繪玻璃與胡桃木雕刻襯托出教堂內神聖的氣氛，但是最引人注目的，是數以千顆以黃金打造的星星，以滿天花雨之勢鑲嵌在藍色天花板上。

1.藍天下銀塔光芒閃耀／**2.**藍光從屋頂透出，襯托數千顆金色星星／**3.**從美術館廣場望向教堂，蜘蛛雕塑與教堂形成有趣的互動／**4~5.**精細的玻璃彩繪

✉ 385 Sussex Drive, Ottawa, ON K1N 1J9 ☎ (613)241-7496 ◷ 5～9月週一～二09:00～17:00，週三～五09:00～20:00，週六08:00～20:00，週日09:00～20:00 休 無 $ 免費 ➡ 搭乘公車#9在Sussex /Bruyere站下車 http www.notredameottawa.com MAP P.177

遠古到現代的戰爭演進史

加拿大戰爭博物館
Canadian War Museum

加拿大戰爭博物館共8個不同的展廳，陳列了超過2,500件展品。一條軸線帶領遊客走進爭鬥的歷史：從遠古時代的石製刀械，到現代高科技武器。綜觀世界各年代的戰役，博物館也提供了加拿大的戰爭族譜：從原住民與歐洲移

民的抗爭、美加戰爭到兩次世界大戰，除了戰爭的脈絡清晰可見，更可看出加拿大在各戰役中扮演了重要的角色。

館內最值得駐足的是Lebreton展覽廳。從18世紀至今，各式各樣軍用車、數十台坦克車和大砲一字排開，集合了各年代的戰爭武器，收藏品之豐富，讓人嘆為觀止。

二次大戰的機動砲台

實體大砲搭配戰地陣亡士兵照片，著實怵目驚心

Lebreton展覽廳的軍機和坦克車的展示十分吸睛

✉ 1 Vimy Place, Ottawa, ON K1A 0M8 ☎ (800)555-5621 ◷ 5～9月週五～三09:00～17:00，週四09:00～19:00。其他月分開放時間請至官網查詢 ✖ 12/25、1/1 💲 成人加幣$20，老年人加幣$18，學生加幣$15，兒童加幣$13，家庭套票加幣$50 ➡ 搭乘公車#44、#105在Booth/Vimy Place站下車 ⊞ www.warmuseum.ca ⊠ P.177

紀念戰爭逝去的士兵英雄

國家戰爭紀念碑
National War Memorial

位於聯邦廣場中央，一座21.34公尺高的拱門巍然而立。落成於1939年，由英國雕塑家Vernon March所設計，最早是用來紀念於一次世界大戰喪生的士兵。歷年來多次變更，目前緬懷的對象擴及所有戰爭中失去生命的加拿大軍人。

拱門以花崗岩砌成，兩組青銅塑造的士兵共22人，每個人高2.44公尺，遠眺前方的國會山莊。紀念碑前站有成兵，每小時進行衛兵交接。自從2014年10月發生衛兵遭受襲擊身亡事件後，每年11月戰士陣亡紀念日皆在此舉辦盛大的悼念儀式。

國家戰爭紀念碑位於國會大廈的斜對面

✉ Wellington Street, Ottawa, ON K1P 5A4 ☎ (866)522-2122 💲 免費 ➡ 搭乘公車#5、#6、#7在Elgin/Wellington站下車 ⊞ bit.ly/2OR2ZtN ⊠ P.177

195

加拿大歷史博物館
Canadian Museum of History

海馬老爸

加拿大歷史博物館坐落於渥太華河西岸，行政區域屬於魁北克省加丁尼市。數個綠色泡沫狀盤旋在屋頂上，從空中俯瞰，建築造型如冰川流動，這是加拿大著名原住民建築師Douglas Cardinal師法大自然的作品。

博物館展出近300萬件文物，涵蓋2萬年前已降在加拿大這塊土地上發展的文明歷史，以及世界其他重要文化的進程。每年迎接120萬人次的旅客，是加拿大最受歡迎的博物館之一。

博物館分為3個展區：位於1～2樓，是以原住民文化、民俗為主的Grand Hall以及First National Hall，3～4樓則是以加拿大文化為主的加拿大歷史館(Canadian History Hall)。兩層樓的展館完整呈現了11世紀以來在加拿大發生的重大事件：原住民的原始漁獵生活、早期歐洲探險隊登陸加拿大東岸的冒險紀錄、近代移民屯墾闢地的事跡，直到英法爭先在此占地，建立殖民新國度的歷史。華人前來北美討生活，斑斑的血汗移民史也沒在展覽中缺席。

與博物館一牆之隔是加拿大兒童博物館與3D IMAX電影院。在兒童博物館裡，除了眾多可愛的玩偶展示，兒童可以在此透過遊戲來認識加拿大文化；或在數十個模擬職業遊戲場地裡，以角色扮演來體驗各行各業。

✉ 100 Rue Laurier, Gatineau, QC K1A 0M8 ☎ (819)776-7000 ◷ 5～9月週五～三09:00～18:00，週四09:00～19:00，其他月分開放時間請至官網查詢 休 12/25、1/1 💲 成人加幣$22，老年人加幣$20，學生加幣$17，兒童加幣$15，2歲以下幼兒免費，家庭套票加幣$55 ➡ 從渥太華前往，搭乘公車#8在Musée de l'histoire站下車 http www.historymuseum.ca MAP P.177

1.冰川流動般的圓弧建築／**2.**兒童博物館的職業體驗區／**3.**原住民藝術家的巨型雕塑《海達瓜伊》／**4.**旋轉樓梯上方彩繪《Morning Star》是館藏藝術家Alex Janvier的作品／**5.**博物館大廳Grand Hall展示了十數支原住民圖騰柱

大地女神隱身的公園

雅克卡地亞公園
Jacques Cartier Park

躺臥著渥太河河畔，大片綠地左右延伸，這是位於魁北克省加蒂諾市的雅克卡地亞公園 (Jacques Cartier Park)。建於1930年，以15世紀法國航海家Jacques Cartier為名。除了從公園眺望渥太華，連同國會山莊和整個首都的市容收納眼底。

公園內一區域以綠色植栽形塑出各種加拿大的動物，如野牛、糜鹿、殺人鯨、冰上曲棍球運動員、中國舞龍舞獅等等，造型生動，吸引遊客流連其間。其中一個名為大地女神、高達三層樓的半身女性雕像，數十種各色植披覆蓋，搭配噴泉流水，是公園內最吸睛的景點。

1. 大地女神左手餵食動物，右手舉起，巧妙地與瀑布結合／**2.** 雙龍搶珠的植栽雕塑顏色鮮豔，動作流暢／**3.** 亞伯達省的野牛與原住民的堆石人像呈現了加拿大的風土民情／**4.** 舞獅的造型討喜，脖子與身上的獅毛幾可亂真

📧 285 Rue Laurier, Gatineau, QC J8X 3W9 ☎ (613) 239-5000 💲 免費 ➡ 搭乘加蒂諾市公車#31、#67在 Laurier/des Allumettieres站下車 http bit.ly/2IksUsr MAP P.177

渥太華最大的購物中心

里多購物中心
CF Rideau Centre

位於渥太華市中心，緊鄰里多運河，里多購物中心是市內最大的購物商場，每年吸引超過200萬人次前來購物。隸屬於Cadillac Fairview集團，4層樓的商場串連了Hudson's Bay以及Nordstorm、Simons三家百貨公司，涵蓋了世界一流精品服飾品牌，共180多家。

除此之外，里多購物中心也是渥太華市中心的商業樞紐，百貨商場連結了五星飯店Westin Hotel、一座空中花園、公車轉運站，以及舉辦大型會議和商展的國際會議中心(Shaw Centre)。

📧 50 Rideau St, Ottawa, ON K1N 9J7 ☎ (613)236-6565 🕐 週一～六 10:00～21:00，週日11:00～18:00 休 復活節的週日～一 ➡ 搭乘公車#55、#59、#200在Rideau/Sussex站下車 http www.cfshops.com/rideau-centre. html MAP P.177

(左)挑高氣派的里多購物中心大門
(右)里多購物中心連結了來自魁北克的法國風味Simon百貨公司

體驗當地人的市場文化

拜沃市場
ByWard Market

 海馬老爸

位於渥太華下城區，1820年代起就是胼手胝足的普羅大眾生活重心。兩個世紀以來，拜沃市場已走出下城貧窮階層的悲情，發展成為渥太華最具生命力、商業蓬勃發展的區域。磚紅建築的市場是個通透的開放建築，市場內各式店家一家家相連。

在拜沃市場裡最多的就是蔬果、花卉、楓糖等小攤，不分週間或例假日，逛街買菜的人熙攘往來。漫步在各小販間，挑一件T恤、買根現煮玉米、試喝葡萄酒，這座加拿大歷史最悠久的市場已成為渥太華人心中第一名休閒地點。

✉ 介於York Street與George Street之間的William Street街區 ☎ (613)562-3325 ⏰ 週一～日約09:00～18:00 休 12/25 $ 免費 ➡ 搭乘公車#6、#9、#602在Dalhousie Street上的York Street站下車 🌐 byward-market.com MAP P.177

1.三角形山牆是拜沃市場的建築特徵／2.拜沃市場的路燈搭配卡通圖案，並以英法文標示市場名／3.市場帶動周邊的商圈，衍生了多樣化的觀光行業／4~6.拜沃市場蔬果攤的價格雖然不是最低廉，但是新鮮度絕對可靠／7.一朵棉花糖般的雲朵高掛在市場內半空中，讓生硬的市場空間增添了童趣感

河狸尾巴的發源地

河狸尾巴
BeaverTails
ByWard Market

海馬老爸

這是除了肉汁乾酪薯條(poutine)、奶油塔 (butter tart)之外,加拿大三大原創小吃之一。長形橢圓狀的炸薄餅,因為形狀類似海狸的尾巴而得名。1978年河狸尾巴創始人Pam and Grant Hooker在西安大略省的Killaloe Fair開始賣起

這個沒人見過的甜食,不久後兩人在拜沃市場George Street旁開起一家小店,這就是河狸尾巴

紅色小屋是河狸尾巴的發源地,外觀至今沒有太大的改變

的創始店。40年過去了,紅色屋頂依然沒變,河狸尾巴已成為聞名加拿大的國民甜點。

河狸尾巴的菜單上有12種口味,除了起司風味屬於鹹口,其他都是甘甜口味:楓糖、巧克力、焦糖、果醬等,嗜甜的人買份來嘗嘗!

▲大蒜奶油起司口味的河狸尾巴
與華人的蔥油餅相似度達90%
◀Oreo口味除了巧克力餅乾屑,
再淋上巧克力醬,可品嘗到兩種
巧克力的香氣

✉ 69 George Street, Ottawa, ON K1N 1K1 ☎ (613)241-1230 ⏰ 週日～四11:00～23:00,週五～六11:00～24:00 ❌ 12/25 💲 約加幣$10～15 ➡ 與拜沃市場相同 🌐 beavertails.com 🗺 P.177

深藏在150年古老歷史建築裡的美味

Starling Restaurant & Bar

隔著小街和拜沃市場相鄰,Starling餐廳位於一棟典雅的2層磚造歷史建築內。由渥太華建築師Willaim Hodgson設計監造,名為Swalwell-Borbridge的建築於1875年落成,曾作為殯儀館、烘焙坊和批發商的倉庫,用途之廣足以反映19世紀拜沃市場周邊多樣化的商業活動。

在Starling餐廳入駐前,該建築是歷史悠久的

餐廳Fish Market Restaurant的所在地。Starling的年輕主廚不落俗套,以嶄新的烹飪概念結合當地新鮮的食材,不論是早午餐或是晚餐都很受年輕顧客的歡迎。頂樓是Rooftop Ottawa餐廳,提供調酒和輕食,可在露天的座位區用餐,同時俯瞰拜渥市場。1樓的Apothecary Cocktail Lounge是間酒吧,每日凌晨00:00～02:00的Happy Hours,以及週四晚上現場的爵士演奏是不少人夜晚前來拜沃市場的原因。

香煎鮭魚排上的炒洋蔥末,讓鮭魚肉入口鹹香而不膩

蝦肉飽滿而爽脆是這道海鮮義大利麵的亮點

白天古樸的建築,入夜後的餐廳燈光璀璨

✉ 54 York Street,Ottawa,ON K1N 5T1 ☎ (613) 421-0820 ⏰ 週日～四09:00～23:00,週五～六09:00～01:00 ❌ 無 💲 加幣$25～60 ➡ 與拜沃市場相同 🌐 www.starlingottawa.ca 🗺 P.177

Le Moulin de Provence

這家歐洲糕點烘焙坊原本生意就不錯,簡餐、各種鹹甜的麵包是閒逛市場的遊客止飢填肚的好去處。2009年2月美國總統歐巴馬造訪渥太華,走進拜沃市場的Le Moulin de Provence買了一些餅乾後,該店瞬間聲名大噪。從此楓葉造型、上面寫著Canada字樣的「歐巴馬餅乾」成為鎮店之寶,特別闢出一個玻璃櫃專門陳列這款知名的餅乾。當然歐巴馬總統親臨的照片和招牌也成為最佳廣告,從店門口到店裡無所不在。

室內的餅乾櫃也不乏美國總統的倩影

各種歐式麵包甜點

當年歐巴馬購買的餅乾

✉ 55 Byward Market Square, Ottawa, ON K1N 9C3
☎ (613)241-9152 ⏰ 週日～四07:00～19:00,週五～六07:00～21:00 休 無 💲 約加幣$5～15 ➡ 與拜沃市場相同 http lemoulindeprovence.com MAP P.177

Planet Coffee

位於拜沃市場西側,介於York Street和George Street之間有條幽靜小巷Clarendon Lanes,值得尋幽探訪。從熱鬧的街道拐進這巷道,清風拂動的綠樹圍繞著石砌拱門,人們坐在石板路的座椅上,或安靜閱讀,或與友人輕聲聊天。Planet Coffee位於小巷一角,店內空間清爽舒適,戶外的座位有歐洲街頭咖啡館的風格。現做的甜點也是咖啡館的招牌之一,巧克力脆片香蕉磅蛋糕

綠蔭扶疏的小巷風光

停下單車,喝杯咖啡吧

質地鬆軟,入口不會過於甜膩;檸檬蛋糕清香撲鼻,絕對讓味蕾酸得痛快。

點杯拿鐵,坐在戶外座椅,愜意的沐浴在老城拜沃市場的小巷中。

✉ 24a York Street, Ottawa, ON K1N 1K2 ☎ (613)789-6261 ⏰ 週一～日07:30～19:00 休 12/25 💲 約加幣$5～12 ➡ 與拜沃市場相同 http www.planetcoffeeottawa.com MAP P.177

多彩的加東楓葉大道

🍁 夏天腳步剛過，加拿大東岸逐漸被秋色覆蓋。

加東的楓葉從9月中旬陸續轉紅，從初始變色到完全葉落約1個多月的時間，吸引大批遊客前來觀賞。楓葉大道(Maple Road)聞名世界，當天氣轉涼，楓紅從魁北克省一路南行，一吋吋染紅到尼加拉瀑布間的道路兩旁。

所謂大道，指的是魁北克與安大略兩省之間的40號、417號和407號公路所串起的區間，涵蓋了安大略湖、聖羅倫斯河、區域裡的瀑布、峽谷和山巒。雖說是楓紅，其實顏色更為多彩：鵝黃和淺紅的漆樹、黃楊、山毛櫸等率先登場，緊跟著糖楓、紅楓、大葉楓、挪威楓等楓樹家族也逐漸由黃橙轉為豔紅，與長青的松杉柏等樹相混，交織出黃、紅、褐、綠四色的布幔，覆蓋在山巒田野間，無止盡地往遠處延伸。

(圖片來源：Ontario Tourism)

這樣的楓情，與亞洲人習慣欣賞單株或多棵豔紅楓樹的楓紅大不相同。更為廣袤，史詩般的金紅色大軍在楓葉大道上的川普朗度假村、聖安妮峽谷、千島湖、魁北克老城區等重要景點陸續登場。

10月上旬，800公里長的楓葉大道在山邊、河岸、湖澗等著你。

(圖片來源：Ontario Tourism)

楓葉大道上湖泊山嶺上的秋色

多倫多旅遊黃頁簿

搭機前往多倫多

→ 航空公司

從台灣出發，長榮提供直飛的班機前往多倫多，自桃園機場第二航廈出發，每天一班，飛航時間約為15小時。若搭乘其他航空公司，如華航或加航(Air Canada)，則需在溫哥華轉機，轉搭加航或是西捷航空(West Jet)，飛行5個小時抵達多倫多。建議轉機空檔保留2個小時，以確保順暢轉機。

→ 行李

一般旅客除了隨身行李，可託運兩件行李，每件不得超過23公斤。抵達溫哥華後需將託運行李領出，清關後再轉搭國內線班機前往多倫多。

→ 氣候

整體來說，多倫多位於加拿大南部，屬於溫帶大陸型氣候，四季分明。全年雨季不明顯，但夏季雨量稍微多於冬季。春秋兩季為過度時期，氣溫在攝氏個位數之間，氣候偏涼。

冬季嚴寒且漫長，最冷的月分為1月，平均降雪量約38公分。雖然該月最冷平均溫度為零下7度，但冬天經常達到零下10度，加上安大略湖畔風大，體感溫度可達零下20度。冬季的嚴寒大概從5月才開始解除，進入短暫的春天。

7月是多倫多夏季最熱的月分，平均最高溫度為26度，但大部分的夏日氣候涼爽，日夜溫差大，來自亞熱帶的旅客建議隨身攜帶薄外套禦寒。

查詢多倫多氣候
http toronto.citynews.ca/weather

多倫多冬季十分嚴寒
(圖片來源：Tourism Toronto)

時區

多倫多屬於美加東岸區(Eastern Time Zone，USA & Canada，UTC-5)。冬令時間(每年11月第一個星期日凌晨2點開始)比台灣慢13小時，夏季日光節約時間(每年3月第二個星期日凌晨2點開始)比台灣慢12小時。

語言

官方語言：英語、法語，但英語還是多倫多主要的通行語言。華人僑界使用粵語、普通話和台語為主。

VISA簽證

持中華民國台灣護照遊客進入加拿大，可免簽停留180天。加拿大移民局規定自2016/03/15起，原免簽國(含中華民國台灣)入境加拿大旅遊前需先上網申請ETA(電子旅行許可證)，以接受當局預先篩選，准許是否可入境。每次需加幣$7，有效期限為5年。

加拿大移民局eTA網站
http canada.ca/eTA

由加拿大經由陸路進入美國須持有美簽ESTA方能通過海關。因此出發前務必先上網申請，確認取得核准後再出發。

海關

→海關檢查

加拿大海關與美國海關類似,對於審查過境旅客攜帶的物品頗為嚴格。國際線入境多倫多時需在電子申報機上填寫入境及攜帶物品,若無特殊問題,通關時間約45分鐘。

→食物限制

加拿大海關對於農漁產品管制嚴格,對於肉類尤其嚴峻,任何形式包裝的肉類,包含生鮮、熟食、肉乾、罐頭,甚至內含肉類的泡麵或包裝食品都禁止攜帶入境。

→菸酒免稅額

對於免稅菸酒的數量限制如下:香菸200支,雪茄50支,菸絲7盎司。另外葡萄酒1.5公升,烈酒1.14公升,24罐12盎司的啤酒。

→大麻使用

2018年10月17日起娛樂性大麻已在加拿大國內合法使用,然而不論以陸路或搭機攜帶大麻出境都是被禁止,且前往目的地國家都可能涉及毒品搬運禁令,建議勿心存僥倖,觸犯法律。

加拿大稅務局的網站提供詳盡的加拿大海關資訊。

http www.cra-arc.gc.ca

貨幣與消費

→匯率

加拿大幣與台幣匯率約為1:24.5 (詳細匯率請上「台灣銀行牌告匯率」查詢)。多倫多機場與市中心多家換匯商店提供加幣兌換。但只提供主要幣別兌換,不接受台幣換匯,因此建議旅客出國前先在當地銀行完成加幣換匯。

多倫多機場裡的換匯櫃檯

→ATM取款

所有銀行金融機構、加油站、部分大型賣場皆有ATM可供提領現金,唯跨行提取現金手續費不低。每家銀行的收取額度不一,最少以加幣$2起跳,最多可達$8。

→其他支付

絕大部分的飯店、商家和餐廳都收取信用卡或是銀行卡付帳。部分連鎖通路接受Apple Pay,支付寶僅限於唐人街的華人商家。

貨品銷售稅

在安大略省購物及消費需額外支付調和銷售稅(Harmonized Sales Tax)13%。這是包含聯邦銷售稅(GST)5%及省銷售稅(PST)8%。

健康問題

→旅遊保險

在加拿大或美國旅遊,不論是生病或意外緊急醫療費用非常高昂,尤其急診、開刀等較為嚴重的醫療行為,通常收費台幣數十萬元,甚至高達百萬。建議在出國以前先購買足額的保險(建議保障額度至少台幣300萬),或是抵達加拿大後務必要向當地保險公司購買旅遊意外險、醫療險。

→藥劑

加拿大的醫藥分家執行得很徹底,在診所或醫院看病後須憑醫生開立的處方箋至藥局如Shoppers Drug Mart或是Rexall Drugstore購藥。感冒藥或抗過敏等非處方箋的藥物,則無須醫生開立藥單,直接至前述藥局購得。

→廁所

多倫多街邊的公共廁所付之闕如,地鐵站也多無設置廁所。絕大部分餐廳的廁所僅供顧客使用。如需使用免費廁所,僅能選擇百貨商場,或是星巴克等。

通訊

→ 國碼與區碼

加拿大國碼為1，多倫多市內區碼為416、437以及647。

→ 撥打電話通訊

- **台灣撥打多倫多**：002+1+區碼+電話號碼。
- **多倫多撥打台灣**：011+886+區碼(區域號碼去掉0)+電話號碼。

遊客原居地的電話號碼可撥打加拿大各地電話，但漫遊費用不便宜，請事先查詢原居地通訊業者的費率。

→ Wi-Fi無線網路

加拿大百貨商場、餐飲業、公共服務單位大多提供免費Wi-Fi服務，建議持智慧型手機的遊客上網後多使用Line、WeChat、Skype、Face Time等網路通訊App溝通，以節省通話費。

→ 手機上網

多倫多數家通訊公司如Fido、Bell、Rogers皆有手機上網預付卡的服務，5GB收費約加幣$50。需至門市辦理，離開加拿大前需取消門號，以免持續被扣款。為求方便，建議出國前先與原使用電信公司辦理出國漫遊服務，或租用無線網路分享機，不但費用較為低廉，且可多人共用。

Fido 🔗 www.fido.ca
Bell 🔗 www.bell.ca
台灣網路分享器租借GoWiFi
🔗 www.gowifi.com.tw

可申辦各種手機上網的門市

電壓規格

與台灣相同，為110伏特、電流週期為60Hz。插座樣式與台灣相同，無需另外攜帶轉變壓器或轉換插頭。

加拿大國定假期

1月1日	新年 New Year's Day
2月第二個星期一	家庭日 BC Family Day
復活節前的星期五	耶穌受難日 Good Friday
復活節後的星期一	復活節星期一 Easter Monday
5/25之前的星期一	維多利亞日 Victoria Day
7月1日	加拿大國慶 Canada Day
8月第一個星期一	省紀念日 Civic Holiday
9月第一個星期一	勞動節 Labour Day
10月第二個星期一	感恩節 Thanksgiving
11月11日	國殤紀念日 Remembrance Day
12月25日	聖誕節 Christmas Day
12月26日	節禮日Boxing Day

服務費/小費

→ 餐飲

在加拿大用餐都有給服務員小費的習慣，表示對其的尊重與感謝。早、午餐一般是消費金額稅前的12～18%，晚餐則是18～25%。如果用餐人數過多(超過6或8個人)，部分餐廳會主動加上較高額的18%服務費，簽單前最好先仔細確認，避免給予過高的服務費。

→ 計程車

小費約為10～15%，請依照路程遠近不同來斟酌；通常不找零。

→ 旅館

清潔服務費每晚加幣$2～5；行李搬運一般給予加幣$2～5；客房送餐服務給餐費的15%；代客停車約加幣$5～10。

住宿

多倫市區提供多元的住宿選擇；從經濟型汽車旅館、連鎖飯店到高檔的大飯店都有，價格約加幣$120～400。Kayak和Expedia是加拿大常用的訂房網站。市區內飯店的房價，尤其是商務飯店，通常不含停車與房間的無線網路。

如果人數較多，或是想體驗在地人的住宅，AirB&B是

不錯的選擇。一般來說，夏天 (6～9月)是旅遊旺季，費用偏高，旅館最好事先預訂。

舒適的五星級飯店
(圖片來源：Tourism Toronto)

市中心的飯店

常用電話

- ■緊急求救：911
- ■查號台：411
- ■多倫多警察局(非緊急事故)：(416) 808-2222
- ■加拿大海關：1-800-461-9999，1-204-983-3500(加拿大境外)

好用的旅遊資訊

→多倫多遊客服務中心
Toronto Tourist Information Centre

位於聯合車站內，VIA Lounge與UP Express車站之間，免費提供地圖以及旅客諮詢服務。

✉ 65 Front Street West, Toronto, ON M5J 1E6
☎ (416) 392-9300
🕐 週一～日10:00～18:00
休 12/25、1/1
@ visitorservices@toronto.ca

交通資訊網站

- ■加拿大海關
  http www.cbsa-asfc.gc.ca
- ■多倫多皮爾森國際機場
  http www.torontopearson.com
- ■多倫多公共運輸局
  http www.ttc.ca
- ■UP機場快線
  http www.upexpress.com
- ■VIA火車
  http www.viarail.ca
- ■GO運輸公司
  http www.gotransit.com
- ■灰狗巴士
  http www.greyhound.ca
- ■多倫多中央島渡輪
  http www.toronto.ca
- ■水上計程車
  http www.torontoharbourwatertaxi.com
- ■電話黃頁
  http www.yellowpages.ca

旅遊資訊網站

→中文資訊

- ■溫市笑應
  海馬老爸是旅居加拿大的部落客，定期提供加國各城市旅遊和餐飲資訊。
  http myvanlife.com

- ■加拿大駐台北貿易辦事處
  加拿大政府為了促進與台灣文化與貿易交流所提供的網站。
  http www.canada.org.tw
- ■駐多倫多台北經濟文化辦事處
  台灣政府駐多倫多的僑民、旅客服務處。
  http www.roc-taiwan.org/cayyz

→當地觀光局

- ■Canadian Tourism Commission
  http www.canadatourism.com
- ■City of Toronto
  http www.toronto.ca
- ■Ontario Travel
  http www.ontariotravel.net
- ■Tourism of Toronto
  http www.seetorontonow.com

→英文資訊

- ■Toronto Life
  http www.torontolife.com
- ■Toronto.com
  http www.toronto.com
- ■Now Magazine
  http www.nowtoronto.com
- ■BlogTo
  http www.blogto.com

(圖片來源：Tourism Toronto)

湖濱中心的戶外溜冰廣場

旅行實用APP

→ Advance Declaration

ArriveCAN原本是疫情期間，在加拿大入境時用來提供疫苗施打紀錄的APP。隨著疫情結束，ArriveCAN的功能併入加國海關網站，用於事先填寫入境資料頁面，可大量減少入關的通關時間。

→ Can Border

從加拿大駕車進出美國，這款APP不僅是導航系統，更可顯示各個邊境關口的車流量以及等候時間。

→ Gas Buddy

如果自駕旅行加拿大，這是一款幫你省油錢的APP。Gas Buddy會列出你所在地附近的加油站以及個別的油價，即時提供油價變化，讓你找到最低價的加油方式。還會告訴你哪個加油站有廁所、餐廳和洗車服務，解決一路上的各種需求。

→ Street Food Toronto

有了這款APP，在多倫多想找餐車、路邊攤美食易如反掌！不僅列出所有的路邊美食選項，還告訴你距離多遠、受歡迎度和推薦的食物。

→ Green P Parking

多倫多市區停車位一位難求，有了Green P Parking不僅幫你尋找停車位，同時也解決支付停車費的問題。

→ Maps.Me

旅行途中沒有Wifi或網路，這時候離線地圖就派上用場！不論你是開車、騎自行車、步行，或是搭乘大眾交通工具，Maps.Me這款可供下載的離線地圖幫助你迅速又正確到達你的目的地！

→ RV Parks & Campgrounds

這款APP羅列了北美4萬個RV露營地，公園、免費停車以及休息站，不論你是開RV車或是帳篷的露營客，離線也可使用的RV Parks & Campgrounds絕對是路上的好幫手。

流行性傳染病防範政策

→ 疫情現況

■隨著疫情的降溫，加拿大已將COVID-19降級，將之歸於與流行性感冒、呼吸道疾病相同等級。並且已取消國內所有的防疫措施，現在搭乘飛機或火車免配戴口罩。

■無症狀之旅客入境加國無須提供PCR、疫苗接種證明及ArriveCan App 健康申報，並同時取消落地隨機篩檢及免除隔離檢疫措施。

加拿大旅遊邊境疫情控制

安大略省COVID-19防護專頁

→ 官方建議防範措施

■外國旅客若有症狀，不要前往加拿大。

■以下情況仍建議配戴口罩：前往疫情嚴重或流行性疾病肆虐的地區的人士、高齡群居者(如安養院)，以及染疫高危險的工作機構(如醫院)的工作人員。

→ 疑似確診時

■輕症及無症狀感染者，不必通報或前往醫療院所就醫，在居家隔離自主管理即可。亦可聯繫家庭醫師(family doctor)，聽取專業的醫療建議。一般而言，醫師會建議輕症者在家多休息、多喝水、服用市售感冒藥，直到病情緩解。

■若自覺症狀嚴重需篩檢，方法有二：1.前往住處附近的藥局索取或購買快篩試劑自行檢測。2.前往地方或私人檢驗所進行PCR檢測。若症狀嚴重，可撥打911尋求緊急送醫救助。

多倫多深度之旅
附尼加拉瀑布、京士頓、渥太華

世界主題之旅 124

作　　者	海馬老爸
總 編 輯	張芳玲
發想企劃	taiya旅遊研究室
編輯主任	張焙宜
企劃編輯	林孟儒
主責編輯	張焙宜
修訂編輯	鄧鈺澐
封面設計	林惠群
美術設計	林惠群
地圖繪製	何仙玲

太雅出版社
TEL：(02)2368-7911　FAX：(02)2368-1531
E-mail：taiya@morningstar.com.tw
太雅網址：http://taiya.morningstar.com.tw
購書網址：http://www.morningstar.com.tw
讀者專線：(02)2367-2044、(02)2367-2047

出 版 者　太雅出版有限公司
　　　　　106020臺北市辛亥路一段30號9樓
　　　　　行政院新聞局局版台業字第五○○四號

讀者服務專線：(02)2367-2044／(04)2359-5819#230
讀者傳真專線：(02)2363-5741／(04)2359-5493
讀者專用信箱：service@morningstar.com.tw
網路書店：http://www.morningstar.com.tw
郵政劃撥：15060393(知己圖書股份有限公司)

法律顧問　陳思成律師
印　　刷　上好印刷股份有限公司　TEL：(04)2315-0280
裝　　訂　大和精緻製訂股份有限公司　TEL：(04)2311-0221

二　　版　西元2023年12月01日
定　　價　420元

多倫多深度之旅
(2024～2025年最新版)

https://is.gd/hrb9Rc

國家圖書館出版品預行編目(CIP)資料

多倫多深度之旅：附尼加拉瀑布、京士頓、
　　渥太華／海馬老爸作.
　　-- 二版. -- 臺北市：太雅，2023.12
　　面；　公分. -- (世界主題之旅；124)
　　ISBN 978-986-336-469-6(平裝)

　　1.旅遊　　　2.加拿大

　　753.9　　　　　　112014229